全国建设行业职业教育任务引领型规划教材

物业常用设备应用

（物业管理专业适用）

主　编　虞顺卿

主　审　孙德初　周建华

中国建筑工业出版社

图书在版编目（CIP）数据

物业常用设备应用/虞顺卿主编. —北京：中国
建筑工业出版社，2012.6
（全国建设行业职业教育任务引领型规划教材.
物业管理专业适用）
ISBN 978-7-112-14451-8

Ⅰ.①物… Ⅱ.①虞… Ⅲ.①物业管理-设备管理
Ⅳ.①F293.33

中国版本图书馆 CIP 数据核字(2012)第 143957 号

　　本书共有 7 个任务，其内容包括物业常用设备管理认识和保障；维护强电设备中照明线路、动力设备及物业供配电的巡检；对电梯的认识、电梯的使用与操作；小区有线电视、监控及安防、楼宇对讲的维护与修理等；物业给排水设备的检查与维护；暖通设备的维护与检修；建筑防雷措施等内容。

　　本书可以作为职业院校物业管理、房地产管理专业学生的教材，也可以作为土木工程等专业学生的参考教材，还可以作为物业管理公司人员日常工作的参考书。

*　　　*　　　*

责任编辑：张　晶　张　健
责任设计：张　虹
责任校对：王誉欣　赵　颖

全国建设行业职业教育任务引领型规划教材

物业常用设备应用
（物业管理专业适用）

主　编　虞顺卿
主　审　孙德初　周建华

*

中国建筑工业出版社出版、发行（北京西郊百万庄）
各地新华书店、建筑书店经销
北京红光制版公司制版
北京建筑工业印刷厂印刷

*

开本：787×1092 毫米　1/16　印张：10　字数：216 千字
2012 年 8 月第一版　2012 年 8 月第一次印刷
定价：23.00 元
ISBN 978-7-112-14451-8
(22540)

教材编审委员会名单

主　任：温小明

副主任：张怡朋　游建宁

秘　书：何汉强

委　员：（按姓氏笔画排序）

王立霞　刘　力　刘　胜　刘景辉

苏铁岳　邵怀宇　张　鸣　张翠菊

周建华　黄晨光　彭后生

序　言

根据国务院《关于大力发展职业教育的决定》精神，结合职业教育形势的发展变化，2006年年底，建设部第四届建筑与房地产经济专业指导委员会在工程造价、房地产经营与管理、物业管理三个专业中开始新一轮的整体教学改革。

本次整体教学改革从职业教育"技能型、应用型"人才培养目标出发，调整了专业培养目标和专业岗位群；以岗位职业工作分析为基础，以综合职业能力培养为引领，构建了由"职业素养"、"职业基础"、"职业工作"、"职业实践"和"职业拓展"五个模块构成的培养方案，开发出具有职教特色的专业课程。

专业指导委员会组织了相关委员学校的教研力量，根据调整后的专业培养目标定位对上述三个专业传统的教学内容进行了重新的审视，删减了部分理论性过强的教学内容，补充了大量的工作过程知识，把教学内容以"工作过程"为主线进行整合、重组，开发出一批"任务型"的教学项目，制定了课程标准，并通过主编工作会议，确定了教材编写大纲。

"任务引领型"教材与职业工作紧密结合，体现职业教育"工作过程系统化"课程的基本特征和"学习的内容是工作，在工作中实现学习"的教学内容、教学模式改革的基本思路，符合"技能型、应用型"人才培养规律和职业教育特点，适应目前职业院校学生的学习基础，值得向有关职业院校推荐使用。

建设部第四届建筑与房地产经济专业指导委员会

前　言

物业管理设备设施是现代物业不可缺少的组成部分。随着我国社会经济的不断发展，新建物业的设备不断完善，各种先进的辅助设备设施不断地满足人们的各种需求。

本书主要针对物业居住小区管理、设备设施的使用方面的知识而编写的。主要从几个方面介绍物业常用设备的使用方法，如维护强电设备、电梯巡检、维护弱电设备、物业给水和排水设备、暖通设备、建筑防雷等。

本书可以作为应用型中高职学校物业管理、房地产管理专业学生的教材，也可以作为土木工程等专业学生的参考教材，还可以作为物业管理公司人员日常工作的参考书。

本书由虞顺卿、葛建平、郭辉兵联合编写。由物业管理专家周建华高级讲师进行审稿。由孙德初高级工程师进行主审。

在编写过程中，参考了国内许多学者、同行的著作和国家发布的最新规范，在此对各参考文献的作者表示衷心的感谢。由于本书编写时间较短，编写者水平有限，编写中存在不足之处，诚恳接收广大读者的批评指正。

目录
CONTENTS

物业常用设备的认识

过程 1.1　物业设备的管理

1.1.1　物业设备管理的主要内容

1. 物业设备概述

（1）物业设备

物业设备是物业附属设备的简称，它既包括室内设施，也包括物业管理区域的室外设备设施，是物业建筑实体的有效组成部分。具体有给排水、消防、供热、供电、空调与通风、电梯、安防和通信等设备设施。

一般情况下，建筑物的级别越高，配备的设备设施越完备，相对而言功能也就越完善，人们的生活和工作环境就越舒适。随着经济的发展和科学技术的不断进步，物业设备的配备逐步向着先进、合理、智能化、多样化和综合性的方向发展，新的设备和技术不断地应用到物业中，这就要求物业设备设施管理部门不仅要通过科学的管理和维护充分挖掘和利用现有物业设备设施的潜力，而且还要全面考虑物业设备设施的更新和技术改造，为人们的工作和生活提供更加优越、便利的条件。

（2）物业设备的分类

物业设备一般分为：给排水设备；热水与燃气供应设备；采暖、通风与空气调节设备；消防设备；建筑电气设备；电梯设备等。

1）给排水设备

① 给水设备

给水设备是指物业设备中用人工方法提供水源的设备，它主要由供水管网、供水泵、供水箱和水表4部分组成。

② 排水设备

排水设备是指物业设备中用来排除生活污水和屋面雨雪水的设备，它包括排水管、通气管、清通设备、抽升设备和室外排水管道等。

2）热水与燃气供应设备

① 热水供应设备

热水供应设备用于热水的制备和供应，主要由热水供水管网、水处理（加热、消毒、制冷）设备等组成。

② 燃气供应设备

燃气供应设备主要用于燃气供应，主要包括燃气管网、燃气入室管道、燃气表和用气设备等。

3）采暖、通风与空气调节设备

① 采暖设备

采暖设备主要用于为建筑提供采暖热量，由供暖锅炉、锅炉辅助设备、供热管网和散热设备等组成。

② 通风设备

通风设备主要用于为建筑内部提供新鲜空气和排除污浊空气，由空气处理设备、风机动力设备、空气输送风道设备以及各种控制装置组成。

③ 空气调节设备

空气调节设备是指对空气进行各种处理，使室内空气的基本参数达到某种要求的设备。一般由冷（热）水机组、空调机、风机盘管、冷却器、管道系统和控制装置等组成。

4）消防设备

消防设备主要用于防火和灭火，根据消防等级的不同，一般由消防给水系统、火灾自动报警与灭火系统和人工灭火设备等组成。

5）建筑电气设备

① 物业供电设备

物业供电设备指物业附属设备中的供电部分，包括供电线路、变配电装置、电表、户外负荷开关、避雷针和插座等。

② 物业弱电设备

物业弱电设备是指物业附属设备中的弱电设备部分。弱电是相对建筑物的动力、照明用强电而言的，一般把动力、照明这种输送能量的电力称为强电，而把进行信号传输、信息交换的电能称为弱电。目前，物业弱电设备主要包括：通信系统、广播音响系统、共用电视天线系统和安防系统等。

6）电梯设备

电梯设备是指物业附属设备中载运人和物品的一种升降设备，是高层建筑中不可缺少的垂直运输工具。电梯中以升降梯和扶梯最为常见，升降梯主要包括机房、轿厢和井道等部分。

2. 物业设备管理的主要内容

物业设备管理是物业管理的基础工作之一，它的主要工作内容包括设备档案管理、设备运行管理、设备维修管理和备品备件管理等。

（1）物业设备档案管理

设备档案管理是设备管理的基础性工作，良好的设备档案管理可以为设备管理与维护提供可靠的依据和保证。设备档案主要包括设备技术资料、设备管理资料等。

1）设备技术资料

① 设备原始资料

设备原始资料包括设备清单或装箱单、产品质量合格证明书、设备开箱验收报告、工程竣工验收报告及验收记录等。

上述资料应在设备、工程验收之前或同时取得。

② 设备卡片与台账

物业管理公司一旦开始接管物业，设备管理人员就应根据设备的分类和目录，对设备进行登记，建立设备卡片与台账，以便清查与核对。设备卡片与台账的主要内容包括：设备名称、规格型号、生产厂家、出厂日期、主要技术指标和价值等。

设备建档一般在移交前就开始，通过汇集和积累资料，形成较完整的设备档案，为分析研究设备改进措施、探索管理和保养维修规律打好基础。因此必须制定一套设备档案管理的办法，以保证其完善和有效。

③ 图纸资料

图纸资料包括竣工图、设备安装图、电路图和易损件加工图等。图纸资料是最重要的技术资料，没有它设备维护管理工作就无法进行。

④ 操作说明书

操作说明书包括设备操作说明书和系统操作说明书，主要用于对设备或设备系统的使用进行指导和说明，防止误操作。操作说明书表达方式要直观、简明，以便于查阅。

⑤ 设备运行与维修记录

每一台主要设备都应有运行与维修记录，反映设备运行与维修的真实情况，用于指导设备管理的实际工作。

⑥ 技术标准

技术标准包括《饮水水质卫生标准》、《环境空气的质量标准》、《锅炉烟尘排放标准》、《锅炉给水标准》、《区域环境噪声标准》、《废（污）水排放标准》等，这些技术标准是政府各专业部门根据实际要求制定的，具有权威性，物业设备管理部门在工作中必须遵照执行。

2）设备管理资料

① 操作规程与规章制度

操作规程与规章制度是物业企业内部制定的管理文件。操作规程主要是规范进行设备维修与操作的程序；规章制度主要是确定各岗位的职责和对员工进行管理，它们是企业进行管理的重要依据。物业设备管理部门的主要操作规程与规章制度有：水泵房操作规程、锅炉房操作规程、电气焊维修操作规程；工程部经理岗位职责、技术主管岗位职责；考勤制度、例会制度等。

② 政府职能部门颁发的有关政策、法规、条例等强制性文件

政府职能部门颁发的有关强制性文件包括环境保护、消防方面的法规；建筑的设计、施工、验收、使用管理以及设备的配备、材料的购买等方面的法律规范。此外，电梯设备、变配电设备、燃气设备、给排水设备的运行和维护等都有政府部门的法规及条例进行监督和约束。

这些条例具有法律的约束性，设备管理部门应有相关文件，并严格贯彻执行。

3）设备档案管理的要求

① 设备档案要分类存放，科学编制目录，以方便使用时查找。

② 设备一般在投入使用一个月内建档。

③ 设备档案归档时必须进行认真验收，文件资料须字迹工整，禁止用铅笔、圆珠笔书写文件，文件资料必须完整准确。

④ 实物资料必须使用档案柜存放，以电子文件形式保存的资料应进行备份存储。

⑤ 设备档案应按月或季度进行整理，对有缺陷的档案要及时进行修补。

⑥ 借阅的档案应手续齐备并及时归档。

⑦ 档案室要做到防火、防盗、防潮、防虫、防尘、防高温和防有害气体。

（2）物业设备运行管理

物业设备运行管理的目的，就是通过对员工的培训和管理、科学制定操作规程、加强设备的维护保养、严格控制设备运行成本等手段，在使物业设备处于最佳工作状态的同时，最大限度地减少投入，从而保证设备安全、合理、经济地运行。设备运行管理的主要内容有如下几方面。

1）员工管理

物业设备管理部门要对上岗人员进行岗前培训，使之能够掌握本岗位的专业知识和操作技能，考试合格后方能上岗。对政府规定的某些需持证上岗的工种，如锅炉工、高低压电工、电梯维修工等，必须持证上岗。

物业设备管理部门还要根据岗位的实际情况，采取合理的劳动组织来配置操作人员，提倡使用一专多能的复合型人才，杜绝人工浪费，减少人工成本。

2）科学制定操作规程

在设备管理工作中，应针对设备的特点，科学地制定切实可行的操作规程，以保证各项操作有章可循，杜绝由于误操作带来的设备损坏和安全事故。主要操作规程包括变配电室操作规程、锅炉房操作规程、水泵房操作规程、水箱清洗操作规程、电气焊操作规程等，各项规程下面还应制定相应的子规程。操作人员应认真学习并掌握相关岗位的操作规程，设备管理部门也应定期对操作人员进行考核评定。

3）加强维护保养工作

设备在使用过程中会发生污染、松动、泄漏、堵塞、磨损、振动、发热、压力异常等各种故障，影响设备正常使用，严重时会酿成事故。设备操作人员在使用和操作设备的同时，应认真做好维护保养工作，确保设备始终保持完好能用的

状态。维护保养工作的主要内容如下。

① 加强巡视，通过"听（有无异常声响）、摸（有无异常温升和振动）、看（有无跑、冒、滴、漏）、闻（有无异气味）"等手段，对设备的运行状况进行了解。有条件的企业，也可采用计算机对设备进行远程监视。

② 加强设备的日常及定期维护保养，其主要内容为：设备的清洁和清扫；润滑设备的转动部位；紧固松动的螺钉、螺母；调整设备错位等。通过对设备的保养，确保设备始终保持完好的状态。

③ 设备点检是指根据要求用检测仪表或依靠人的感觉器官，对设备及其维修用具的缺损和某些关键部位进行的有无异常情况的盘点和检查。通过点检，可以及时发现设备及其维修用具的隐患和缺损情况，避免和减少突发故障，提高设备的使用率，同时也为计划检修提供了正确的信息依据。主要设备点检的内容、方法、周期以及标准等一般由设备制造厂家提供。

设备的点检包括日常点检与计划点检。设备的日常点检由操作人员随机检查。日常点检内容主要包括：运行状况及参数，安全保护装置；易磨损的零部件；易污染堵塞、需经常清洗更换的部件；在运行中经常要求调整的部位；在运行中经常出现不正常现象的部位等。设备的计划点检一般以专业维修人员为主，操作人员协助进行，计划点检内容主要有：记录设备的磨损情况；发现其他异常情况并更换零部件；确定修理的部位、部件及修理时间；安排检修计划。

④ 设备中的仪表（如压力表、安全阀等）、安全附件必须定期校验，确保灵敏可靠。压力表、安全阀的定期校验工作应由法定部门负责，校验报告应妥善保管。

4）强化设备成本管理，确保设备经济运行

物业设备运行管理的另一个主要任务是在设备安全、正常运行的前提下，尽可能地节约各种费用。其内容包括投资成本管理、运行成本管理、维修成本管理等。通过强化设备成本管理，堵塞漏洞，杜绝浪费，确保经济效益最大化。

（3）物业设备维修管理

物业设备的维修是通过修复或更换磨损部件，调整精度，排除故障，恢复设备原有功能所进行的技术活动。物业设备维修一般分为设备计划性检修、设备更新改造和用户维修等。

1）物业设备的计划性检修

物业设备的计划性检修是保证物业设备正常运行的主要手段。计划性检修是指根据设备运行规律及计划点检的结果确定其检修间隔期，以检修间隔期为基础，编制检修计划，对设备进行预防性修理的工作。实行计划性检修，可以在设备发生故障之前就对它进行修理，使设备一直处于完好能用状态。计划性检修工作一般分为小修、中修、大修和系统大修4种。

① 小修

小修主要是对设备进行检修和为排除运行故障而进行的局部维修。通常包括清洗、更换和修复少量易损件；调整较少部分的机件和精度；紧固和润滑等。小修一般由维修人员负责，操作人员协助。

② 中修

中修是指对设备进行正常的和定期的全面检修。除包括小修内容之外，对设备的主要零部件进行局部修复和更换，从而保证设备能恢复和达到应有的标准，使设备能正常运转到下一修理周期。中修零配件更换率一般为 $10\%\sim20\%$。

③ 大修

大修是指对设备进行定期的全面检修。对设备进行局部或全部的解体，更换主要部件，修复不合格的零部件，使设备基本恢复原有的技术特性。大修零配件更换率一般超过 30%。

中修、大修应由专业检修人员负责，操作人员只能做一些辅助性的协助工作。

④ 系统大修

系统大修是指对一个系统或几个系统甚至整个物业设备系统的停机大检修。系统大修的范围很广，通常将所有设备和相应的管道、阀门、电气系统及控制系统都安排在系统大修中进行检修。在系统大修过程中，所有的相关专业检修人员以及操作人员、技术管理人员都应参加。

2）物业设备的更新改造

物业设备的更新改造就是以新型的设备来替代原有的旧设备，或者应用现代科学的先进技术对原有的设备进行技术改进，提高设备的技术性能及经济性能。

当物业设备使用到一定的年限以后，技术性能逐渐落后，工作效率降低，能耗和污染增大。一方面导致设备的运行成本增加，另一方面还可能引发事故。因此如果设备达到了它的技术寿命或经济寿命就必须进行更新改造。相对于设备更新而言，设备改造所需费用要少得多。因此，如果设备在达到其运行寿命后状况较好，通过技术改造可以达到同样的目的，一般就不采用更新的方式。

3）用户室内物业设备的维修

用户室内物业设备的维修也是设备维修管理的日常性工作。维修的主要内容为给排水系统管道、管件和器具；进户供电装置；燃气设备；有线电视和网络通信系统线路等。用户维修的内容虽然简单，但体现了物业管理企业的管理水平和服务质量，设备管理部门接到用户报修后应限时上门维修，用户维修可适当收取零配件费和工时费。

4）设备维修管理的工作程序

设备维修管理的工作程序有设备请修程序（见图 1-1）、设备检修程序（见图1-2）、设备事故处理程序（见图 1-3）和设备更新改造程序（见图 1-4）。

（4）备品备件的管理

备品备件是一个通用词，所有与设备有关的零件都可以用做备品备件。按词面意思来说就是备用的物品和备用的零件。

其实无论在维修还是制造中，都需要提前准备一些物品和零配件，这些提前准备并会在不久的将来使用的物品和零配件就是"备品备件"。

机械设备的备品备件一般指维修所需要的易损件，比如轴承、齿轮等。

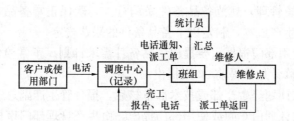

图 1-1 设备请修程序

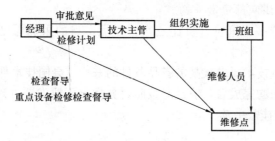

图 1-2 设备检修程序

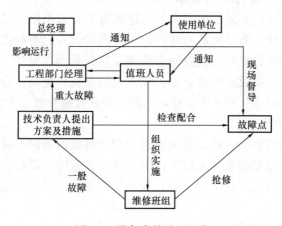

图 1-3 设备事故处理程序

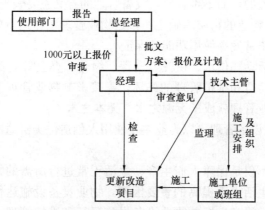

图 1-4 设备更新改造程序

为了加强物资管理，规范备品备件采购行为，确保正常备品备件供应，控制采购成本，降低生产成本，制定以下备品备件的采购规定。

① 生产或使用部门根据需要提出备品备件需求计划。正常检修需求计划需提前 7 天提出；大修计划需提前 30 天提出。

② 检修需求计划经生产部或技术部审核后，报分管生产副总经理批准。

③ 临时需求计划由车间或使用部门提出，由生产管理部门审核。

④ 需求计划的提出车间或部门将审核无误的需求计划报分管供应副总经理审批后，交供应部由供应部负责采购。

⑤ 供应部坚持多方询价、货比三家、择优定点的采购原则进行备品备件的采购。

⑥ 国外备件或技术要求较高的备品备件的采购需会同技术部门。

⑦ 备品备件采购完成后，应及时按照财务规定索要发票办理入库手续。及时到财务办理结算及挂账手续。

1.1.2　物业设备管理的要求

随着社会和经济的不断发展，人们对建筑物的要求不仅仅局限于传统的住和用，而是日趋多样化。为了满足对建筑的多种需求，人们不断把现代科技的最新成果应用于物业设备设施中，物业设备设施正向着舒适、豪华、复杂化、多样化的方向发展。物业设备设施种类繁多，技术含量也越来越高，合理使用和管理这些设备设施，使之安全、经济地运行，是物业设备设施管理工作的主要任务。

1. 物业设备管理的目的

物业设备设施管理的目的，就是通过合理、有效的管理，保证物业设备处于良好的工作状态，尽量避免其使用价值的下降。在保证和提高各种设备设施功能的同时，最大限度地发挥其综合效益，为业主或使用人提供舒适、安全的工作和生活条件。

2. 物业设备管理的意义

从物业设备管理的目的不难看出，设备管理的意义主要表现在以下几方面。

1）物业设备是物业的物质基础之一，是物业管理工作运行的物质平台，是维护物业本身，使之正常发挥使用功能的保证。

许多物业管理活动如供水、供热、安保、绿化、办公等，都涉及物业设备设施，物业设备设施运行和维护管理的好坏，直接影响物业管理工作的进行。没有物业设备设施，物业管理就成了无源之水，无本之木。

2）良好的物业设备管理可以为业主及使用人创造优美舒适的环境和良好的工作、生活条件。

物业设备设施不仅是保障人们生产、生活正常进行所需的物质基础，也是影响社会发展和人们生活水平提高的重要因素，物业设备设施运行的好坏，直接影响物业的使用水平，没有良好的物业设备设施运行和维护管理，就不可能为业主和使用人提供安全、舒适的工作和生活环境。

3）良好的物业设备管理，是延长物业使用年限，提高物业价值与使用价值，使物业保值、增值的有效手段。

良好的物业设备设施管理，可以使物业设备设施处于最佳的运行状态，减少不必要的损坏，提高设备设施的利用率，延长设备设施的寿命，这不仅可以节约资金，也为物业的保值、增值打下了基础。

4）良好的物业设备管理能为物业公司树立良好的企业形象，带来可观的经济效益，从而提高企业的竞争力。

物业设备是物业企业的窗口，是人们直接看得到和感受得到的。物业设备设施运行的好坏直接反映出物业企业的服务质量优劣和技术水平的高低，从而反映出物业企业的管理形象。在市场经济条件下，良好的企业形象可以提高物业企业的市场竞争力和经济效益。

5）物业设备管理是城市文明和发展的需要，对精神文明建设和物质文明建设起到保驾护航的作用。

随着生活水平的日益提高，人们对物业的要求不仅要经济适用，而且要环保，从而达到人的生存与环境的和谐统一，这一切都离不开对物业设备设施的良好管理。使用不同类型和功能的物业设备，可以体现城市的发展水平和文明程度。

过程 1.2　物业设备管理的保障

1.2.1　建立设备管理机构

根据管理和服务对象的不同，物业公司设立了各种机构，如董事会、办公室、客服部、工程部、保安部、财务部和环保部等。目前，各物业公司中与设备管理联系最紧密、最主要的部门是工程部，公司其他部门则是处在参与设备使用、维护和配合管理的地位。工程部在其他部门的配合下进行日常工作，遇到设备大修、更新改造等重大项目，则要依靠设备管理部门和物业管理公司领导部门共同决策。

物业设备管理的机构设置要根据物业公司管理的设备规模和种类来确定，设置方式是多种多样的。有的按专业系统设置，有的按设备划分区域设置，也有的按管理性质设置。无论采用哪种方式都要符合"满足需要，责任明确，精简高效"的原则。

设备管理机构按专业系统划分而设置，对管理者来说，较易发现一些设计上的不合理现象和施工遗留问题，也能较快熟悉物业的各种设备和系统，这对物业管理前期就介入设计、施工、竣工验收的管理者来说，更为有利。

按专业系统划分的设备管理机构设置（见图1-5）一般按照金字塔形式，从上到下依次为：部门经理（统一领导），1～2个副经理（专业工程师），若干个专业作业组（工程技术人员）。

这种机构设置，对于不同规模的物业均有较强的适用性。它的优点是维修服

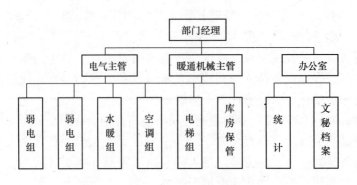

图 1-5　设备管理机构设置

务质量高、专业性强。缺点是工种之间的配合性较差、互补性较差、效率较低。因此，必须强调专业之间的配合，在订立岗位责任制时，一定要分工明确。

1.2.2　建立物业设备管理制度

现代企业离不开各项管理制度，管理制度是企业进行管理的重要依据，也是企业员工的工作准则。设备管理部门各项管理制度的制定必须符合国家各项有关规定，有利于物业设备的正常运行。物业设备的管理制度主要有以下内容。

1. 人员管理方面的制度

（1）岗位责任制度

根据岗位制定员工责任制，从制度上明确各工作岗位的工作内容和责任，保证设备的正常运行和良好状态。工程部的主要岗位职责有：工程部经理岗位职责、技术主管岗位职责、班组长岗位职责、维修人员（技术工人）岗位职责、库房保管员岗位职责、资料统计员岗位职责等。

（2）考勤和请假制度

考勤和请假制度主要规定工作时间，迟到、早退、旷工的处理办法。请假的手续和准假权限等方面的内容。

（3）交接班制度

交接班制度主要包括交接班时间、交接班内容和程序等方面的内容。

（4）值班制度

设备的运行离不开人的管理，通过值班制度的建立可以及时发现事故隐患并排除故障，从而保证设备正常运行，因此必须建立值班制度。值班制度的内容包括：值班纪律、值班工作内容、值班期间设备故障处理程序和要求等。

2. 设备管理方面的制度

（1）物业设备接管验收制度

设备验收工作是设备安装或检修停用后转入使用的重要过程，因此在设备的运行管理和维修管理之前，首先要做好设备的接管验收工作。接管验收不仅包括对新建房屋附属设备的验收，而且包括对维修后设备的验收以及委托加工或购置的更新设备的开箱验收。验收后的设备基础资料要保管好。

（2）物业设备的技术操作规程和安全操作规程

物业设备种类较多，维修手段各不相同，涉及水暖、电工电子、机械、消防、通信、计算机和电气焊等多个专业。只有有针对性地进行相应的操作，才能保证设备正常运转和维修的顺利进行。制定合理的技术操作规程和安全操作规程，可以保证设备的正常使用，同时也可以延长设备使用寿命。

（3）物业设备的保养及维修制度

物业设备的保养及维修制度包括设备的日常保养制度和计划性检修制度。日常保养制度主要包括设备保养的部位、保养内容和保养程序；计划性检修制度主要包括制定设备的维修保养计划，确定设备的维修保养类别、等级、周期、内容，计划性检修制度的实施，以及监督检查等。

（4）设备运行管理制度

设备运行管理制度包括巡视抄表制度、安全运行制度、经济运行制度和文明运行制度等。此外，特殊设备还需另行制定一些制度，如电梯安全运行制度、应急发电运行制度等。

（5）设备事故分析制度

设备因非正常原因造成停水、停电、停热、停煤气、停电梯，以及消防系统等设备故障影响物业正常运转和正常使用时，设备管理部门应派人员紧急抢修，配合有关主管部门进行事故调查。并对事故的起因和发生过程作出客观正确的分析，对有关部门和责任人追究其责任。因此，设备事故分析处理要建立相应的制度。

3. 物业设备的维护巡视

（1）维护保养周（见表1-1）

维护保养周表　　　　　　　　　　　　　　　　表1-1

	维护保养项目	星期一	星期二	星期三	星期四	星期五	星期六	星期日
水泵	了解水泵运行情况							
	泵房卫生							
	压力表、指示灯							
	生活泵、阀门、管道							
	蓄水池、浮球、报警装置							
	房顶水箱浮球、报警装置							
	污水泵、控制箱							
	消防泵、阀门							
	消防箱、消防进水口							
	电控柜内积灰清扫							
	电控柜内回路、接线点							

维护保养项目		星期一	星期二	星期三	星期四	星期五	星期六	星期日
污水处理	了解污水处理运行情况							
	污水处理泵、控制箱							
	集水坑处理垃圾							
	油过滤器清理							
	空气过滤器清理							
	油箱检查							
	电控柜内积灰清扫							
	电控柜内回路、接线点							
	电动机皮带							
	风机风门开启情况							
	风机支点螺栓紧固情况							
	风机电控箱接线点复紧							
	风机网罩清洗							
消防	了解消防系统运行情况							
	消防主机内回路、接线点							
	电控柜内积灰清扫							
	消防管道末端放水							
	手动报警按钮							
	防火卷帘门							
	火警探测器							
	消火栓							
	排烟风机							

存在问题：

维保人员签名							
管理处确认							

（2）小区维修人员日常巡查登记（见表1-2）

小区维修人员日常巡查登记表

表1-2

部位	巡查项目	巡查频率	巡查方法/要求	星期一月 日	星期二月 日	星期三月 日	星期四月 日	星期五月 日	星期六月 日	星期日月 日
消控中心	消防主机电源	每天	查看/是否正常供应							
	消防主机工作	每天	查看/是否正常							
	报警及故障点登记	每天	查看/是否登记完整							
消防泵房	消防泵控制柜电源	每天	查看/是否正常供应							
	消防泵控制柜	每天	查看/是否处于"自动挡"							
	喷淋、消防泵压力表	每周	查看/是否正常							
	消防泵房清洁	每半月	清扫/保持整洁、无杂物							
	消防水表	每月	查看/记录数据							
	消防管道及阀门	每月	查看/是否滴水和开启							
公共部位	安全通道	每天	查看/是否通畅							
	排烟风机控制电源柜	每天	查看/是否正常供应							
污水处理	控制柜	每天	查看/是否处于"自动挡"							
	泵机启动	每天	控制柜启动/能否正常运转							
	机械格栅	每天	清理/是否堵塞							

部位	巡查项目	巡查频率	巡查方法/要求	星期一 月 日	星期二 月 日	星期三 月 日	星期四 月 日	星期五 月 日	星期六 月 日	星期日 月 日
泵房	泵机电源	每天	查看/是否正常供应							
	泵机控制柜	每天	查看/是否处于"自动挡"							
	泵机启动	每半周	控制柜启动/能否正常运转							
	管道	每半周	查看/有无渗水							
	盘根	每半周	查看/有无渗水							
	阀门	每半周	查看/有无渗水							
	浮球及报警装置	每半周	查看/是否起作用							
	泵房清洁	每半月	清扫/保持整洁、无杂物							
	登记	每次巡查	巡查完毕后填写							
集水井	泵机电源	每周	查看/是否正常供应							
	泵机控制柜	每周	查看/是否处于"自动挡"							
	泵机启动	每周	控制柜启动/能否正常运转							
	浮球	每周	查看/是否起作用							
高配	设备巡视	定时	查看/是否正常运行							
	包干区域清洁	每天	清扫/保持整洁、无杂物							
	分表计量数	定时	登记/确保记数准确							
巡查人员										

备注	
说明	1. 巡查项目正常则在方格内填写"√"，如该项目有故障则填写"×"，故障情况填写在下方备注栏内。 2. 严格遵循巡查项目所要求的频率进行巡查，及时登记。 3. 发现所巡查项目的设备存在故障，如无法排除，在予以登记后及时上报公司工程部。

物业常用设备应用
WUYE CHANGYONG SHEBEI YINGYONG

任务 2

维护强电设备

过程 2.1　电工基本知识

2.1.1　电路的认知

目前，各种建筑用电设备的应用越来越广泛。作为物业管理人员必须掌握基本的电工知识和常用的电气设备。

1. 电路的基本概念

在建筑施工和物业管理中会遇到各种各样的电路。例如，照明电路、电梯电路、闭路电视电路等。

（1）电路的概念

电路分实际电路和电路模型（即电路图）。实际电路指用实际元器件连接成的闭合回路。电路图指线路中的元器件用电器符号表示连成的闭合回路。

（2）电路的组成

无论简单电路还是复杂电路，都由电源、负载、输电导线和控制装置等组成。对电源而言，负载、输电导线和控制装置称为外电路，电源内部的部分称为内电路。

（3）电路的状态

电路一般有 3 种状态：通路状况、断路状态和短路状态。

1）通路状态

通路状态是电源与负载连接成闭合回路的状态。

2）断路状态

断路状态指电源与负载没有连接成闭合回路的状态。

3）短路状态

短路状态指电源未经负载而直接由导线连接成闭合回路的状态。

（4）电路的基本物理量

1）电流

电流是电荷的定向移动，习惯上，规定正电荷运动的方向为电流的方向。按照电流的方向和大小，电流可分为直流电流和变动电流。在国际单位制中，电流的单位是安培，简称安，符号为 A。其中一个周期内电流的平均值为零的变动电流称为交变电流，简称交流电流。

2）电压

电压不仅有方向也有大小，按照方向和大小的变化情况也分为直流电压和交流电压。方向和大小都随时间变化的电压称为变动电压；其中一个周期内电压的平均值为零的变动电压称为交变电压，简称交流电压。电压的单位是伏特，简称伏，符号为 V。

3）功率

电流单位时间内做的功称为电功率，简称功率；在国际单位制中，功率的单位为瓦特，简称瓦，符号为 W。

4）电能

在实际应用中，常用到电能这个物理量，电能的单位常用千瓦小时（kW·h）或度表示，1kW·h 的电能通常称为一度电。

5）电阻

电荷在电场力作用下沿输电体作定向运动时要受到阻碍作用，这种阻碍电荷运动的作用称为输电体的电阻，用符号 R 来表示。电阻的单位是欧姆（Ω）。

2. 三相交流电

三相制是指以 3 个频率相同而相位不同的电动势作为电源供电体系，这 3 个电动势的最大值和频率相同，但相位上互差 120°。三相交流电路是指由 3 个单相交流电路所组成的电路系统。

三相制得以广泛应用，主要是它与单相交流电相比具有许多优点。单相交流电路瞬时功率随时变化，而对称三相交流电路总的瞬时功率是恒定的。三相电动机比单相电动机性能平稳可靠；在输送功率相同、电压相同和距离、线路损失相等的情况下，采用三相制输电可以比单相制节约材料。

（1）三相交流电的产生

三相交流电由三相交流发电机产生。用来产生对称三相交流电动势的电源称为对称三相交流电源。

（2）三相交流电源的联结

三相交流电源有星形联结和三角形联结两种，星形接法用得最为广泛。

1）三相交流电源的星形联结

如果把三相发电机绕组的末端连接在一起，成为一个公共点 N，这种联结方式称为星形联结，如图 2-1

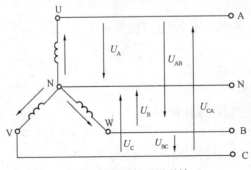

图 2-1 电源的星形联结

所示。公共点N称为中点或零点，A、B、C三端与输电电线连接，输送电能到负载，这三根输电电线称为相线，俗称火线。从中点N引出的导线称为中线，俗称零线。三相四线制可以为负载提供两种电压。例如，相电压等于220V时，线电压等于380V。能同时得到两种三相对称电压是三相四线制电源供电的优点之一。如图2-2所示是既有动力负荷又有照明负荷的三相四线制的低压配电电路，接到照明负载的是一根相线和一根中线，电压是相电压，即三相对称的相电压。

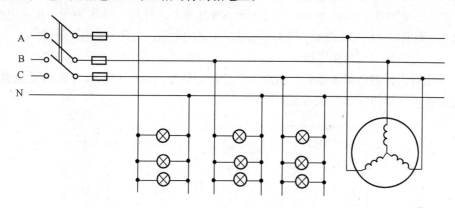

图2-2 动力负荷和照明负荷共用的配电电路

2）三相交流电源的三角形联结

三角形联结时，电源仅能提供一种电压，线电压有效值等于相电压有效值，如图2-3所示。

3. 变压器

变压器是根据电磁感应原理，将某一种电压、电流的交流电能转变成另一种电压、电流的交流电能的静止电气设备。建筑用电设备所需的电源电压各不相同，如常用的三相异步电动机，其额定电压为

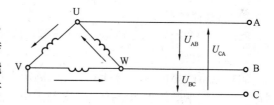

图2-3 电源的三角形联结

380V，单相异步电动机或照明电压一般为220V。因发电厂所输出的电压一般为6.3kV、10.5kV，最高不超过20kV，而电能要经过很长的输电线才能送到建筑用电设备。为了减少输送过程线路上的电能损失，目前主要采用高压输电，即将电压升高到10kV、35kV、110kV、220kV、330kV、500kV等级的高电压或超高压。所以，为了输配电和用电的需要，要使用升压变压器或降压变压器，将同一交流电压变换成同频率的各种不同电压等级，以满足各类建筑用电设备的需要。

（1）变压器的结构

变压器主要包括铁心和绕组两大部分。

1）铁心

铁心是变压器的基本部分，变压器的一次、二次绕组都绕在铁心上。铁心的作用是在交变的电磁转换中，提供闭合的磁路，让磁通绝大部分通过铁心构成的

17

闭合回路，所以变压器的铁心多采用硅钢片叠压而成。

2）绕组

绕组由绝缘铜线或铝线绕制而成，有同心式和交叠式两种。

（2）变压器的工作原理

图 2-4（a）所示是变压器工作原理示意图，一次绕组的匝数为 N_1，二次绕组的匝数为 N_2，输入电压为 u_1、电流为 i_1；输出电压为 u_2、电流为 i_2，负载为 Z_L。在电路中，变压器用如图 2-4（b）所示的符号表示，变压器的名称用字母 T 表示。在一定的输出电压范围内，从二次绕组上抽头，可输出不同的电压，得到多输出变压器。

（3）变压器的主要额定值

变压器运行的依据是铭牌上的额定值。额定值是制造厂根据设计或试验数据，对变压器正常运行状态所做的规定值。

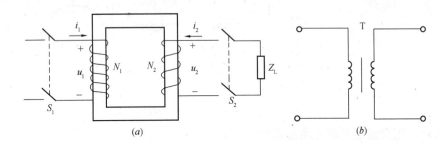

图 2-4　变压器的工作原理示意图
（a）变压器的工作原理；（b）变压器电器符号

1）额定容量 S_N

额定容量的单位为 var 或 kvar，指在额定运行状态下所能输送的容量（视在功率）。

2）额定电压

额定电压的单位为 V 或 kV，一次额定电压是指根据绝缘强度，变压器长时间运行时所能承受的工作电压。二次额定电压是指一次额定电压，二次绕组开路（空载）时的端电压，三相变压器额定电压一律指线电压。

3）额定电流

额定电流的单位为 A，是指变压器在额定容量和允许温升条件下，长时间通过的电流。三相变压器额定电流一律指线电流。

4. 电动机

电动机分为直流电动机和三相交流异步电动机，是实现电能和其他形式的能量相互转换的装置。交流异步电动机分单相交流异步电动机和三相交流异步电动机。三相交流异步电动机具有结构简单、制造方便、价格低廉、运行可靠、维修方便等一系列优点。具体内容详见 2.3.2 小节。

2.1.2　电气安全技术

1. 常见的触电现象

根据电流通过人体的路径及触及带电体的方式，一般可将触电分为单相触电、两相触电和跨步电压触电等。

1）单相触电

当人体某一部位与大地或大地绝缘体不良接触，另一部位触及一相带电体所致的触电事故称单相触电。单相触电按电网的运行方式又可分为以下两类。

一类是变压器低压侧中性点直接接地，供电系统中的单相触电如图 2-5 所示（假设用电设备未安装任何保护装置）。

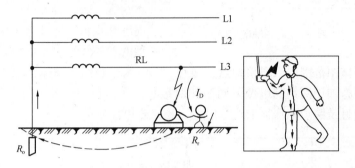

图 2-5　中性点接地系统的单相触电

另一类是变压器低压侧中性点不接地，供电系统中的单相触电如图 2-6 所示（假定电气设备未安装保护装置）。

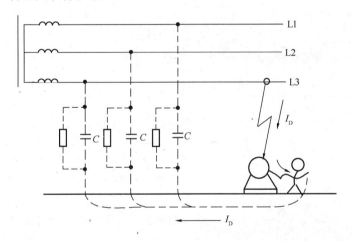

图 2-6　中性点不接地系统的单相触电

2）两相触电

发生触电时人体的不同部位同时触及两相带电体（同一变压器供电系统）称为两相触电。两相触电时，相与相之间以人体作为负载形成回路电流，如图 2-7 所示。此时，流过人体的电流完全取决于电流路径相对应的人体阻抗和供电电网的线电压。

3）跨步电压触电

当带电体接地处有较强电流进入大地时（如出现输电线断线故障），电流通过接地体向大地作半球形流散，并在接地点周围地面产生一个相当大的电场。电场

19

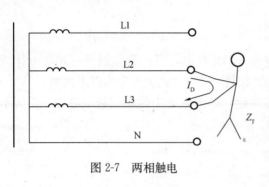

图 2-7　两相触电

强度随着距离的增加而减小。试验资料表明：约有 68% 的电压降在距接地体 1m 以内的范围中；24% 的电压降在 2～10m 的范围内；8% 的电压降在 11～20m 的范围内。所以，离接地体 20m 处，对地电压基本为零。若用曲线表示接地体及其周围各点的对地电压，则曲线呈典型的双曲线形状，如图 2-8 所示。

在电场作用范围内（以接地点为圆心，20m 为半径的半球体），人体如双脚分开站立，则施加于两足的电位不同而致两足间存在电位差，此电位差便称为跨步电压。人体触及跨步电压而造成的触电，称跨步电压触电。

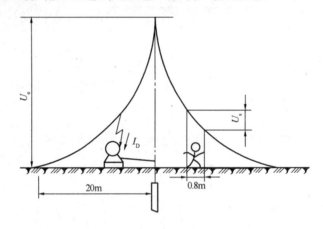

图 2-8　对地电压是典型双曲线形态

图 2-9　跨步电压触电

跨步电压触电时，电流仅通过身体下半部及两下肢，基本上不通过人体的重要器官，故一般不危及人体生命，但人体感觉可相当明显。如图 2-9 所示，当跨步电压较高时，流过两下肢电流较大，易导致两下肢肌肉强烈收缩，此时如身体重心不稳（如奔跑等）极易跌倒而造成电流通过人体的重要器官（心脏等），引起人身死亡事故。

除了输电电路断线落地会产生跨步电压外，当大电流（如雷电电流）从接地装置流入大地时，若接地电阻偏大也会产生跨步电压。

2. 触电事故的特点

众所周知电流通过人体会对人体造成损伤，即电击伤，通常称电击伤为触电。大多数的触电是因人体直接接触带电体所致，但在电压较高或被雷电击中时，则是因电弧放电而损伤。触电事故的发生都很突然，在极短时间内释放大量能量会严重损伤人体，往往还危及心脏，死亡率较高，危害性极大。

触电事故的发生虽比较突然，但还是有一定的规律性。如果掌握了这些规律，搞好安全工作，触电事故是完全可以预防的。根据对事故的统计与分析，触电事故的发生有如下规律。

1) 事故的原因大多是作业人员缺乏安全用电知识或不遵守安全技术要求，违章作业造成的。新参加工作的工人、青年工人和非专职电工所发生的事故所占的比重较大。

2) 触电事故的发生有着明显的季节性。一年中，春、冬两季触电事故较少，夏、秋两季，特别在 6、7、8、9 四个月中，触电事故特别多。据上海市有关部门的统计，历年上海地区 6、7、8、9 四个月中触电死亡人数约占全年触电死亡人数的 2/3 以上。其原因是这一时期气候炎热，多雷雨，空气中湿度大，导致电气设备的绝缘性能下降，人体也因炎热多汗使皮肤接触电阻变小；再加上衣着单薄，身体暴露部位较多。这些因素都大大增加了触电的可能性，并且一旦发生触电，通过人体的电流较大，后果严重。

3) 低压工频电源触电事故较多，即家用电器触电事故较多。据统计，这类事故占触电事故总数的 90% 以上。这主要是因为低压设备的应用远比高压设备广泛，人们接触的机会较多，加之安全用电知识未能随着家用电器的普及而普及。220/380V 的交流电源习惯上称为"低压"，这是相对高压电而言的，但很多人不够重视，丧失警惕，也是引起触电事故的原因之一。

4) 潮湿、高温、有腐蚀性气体、液体或金属粉尘的场所较易发生触电事故。冶金、化工、采矿、建筑等行业发生触电事故较多。

3. 触电急救的操作

触电的现场急救是整个触电急救工作的关键。人体受到电流刺激后，电流会对人体产生损害作用。严重时可使心跳、呼吸骤停，人体立即处于"临床死亡"状态。此时，如处理不当，后果会极其严重。因此，必须在现场开展心肺复苏工作，以挽救生命。有报道指出，在 4min 内进行复苏初期处理，在 8min 内得到复苏一期处理，其复苏成功率最大为 43%。而在 8min 内得到二期复苏处理者其复苏成功率仅为 10%，要是在 8min 以后才得到复苏初期处理，则其复苏成功率为 0。因此，一旦发生触电事故，必须在 4min 内进行复苏初期处理；在 8min 内进行复苏二期处理。否则，触电者生命极有可能无法挽救。

复苏初期处理的任务是：迅速识别触电者当前状况，用人工方法维持触电者的血液循环和呼吸。

（1）触电事故的现场处理

发生触电事故时，现场处理可分为：迅速脱离电源和心肺复苏两大部分。

1) 迅速脱离电源

发生触电事故后，首先要使触电者脱离电源，这是对触电者进行急救最为重要的第一步。使触电者脱离电源一般有以下几种方法。

① 切断事故发生场所电源开关或拔下电源插头，但切断单极开关不能作为切

断电源的可靠措施，即必须做到彻底断电。

② 当电源开关离触电事故的现场较远时，用绝缘工具切断电源线路，但必须切断电源侧线路。

③ 用绝缘物移去落在触电者身上的带电导线。若触电者衣服是干燥的，救护者可用具有一定绝缘性能的随身物品（如干燥的衣服、围巾）严格包裹手掌，然后去拉拽触电者的衣服，使其脱离电源。

2）判断神志及气道开放

触电后心跳、呼吸均会停止，触电者会丧失意识，神志不清。此时，肌肉处于松弛状态，引起舌后坠，导致气道阻塞，故必须立即开放气道。

3）呼救

一旦确定触电者丧失意识，即表示情况严重，大都情况是心跳、呼吸已停止。为能持久、正确、有效地进行心肺复苏术，必须立即呼救，招呼周围人员前来协助抢救。同时应向当地急救医疗部门求援（拨打"120"急救电话）。

4）保持复苏体位

保持复苏体位对触电者进行心肺复苏术时，触电者必须处于仰卧位，即头、颈、躯干平直无扭曲，双手放在躯干两侧，仰卧于硬地上。发生事故时，不管触电者处于何种姿势，均必须转为上述的标准体位（此体位又称"复苏体位"）。如需改变体位，在翻转触电者时必需平稳，使其全身各部位成一整体转动（头、颈、躯干、臀部同时转动），特别要保护颈部，可以一只手托住颈部，另一只手扶着肩部，使触电者平稳转至仰卧。

5）开放气道

触电后，心脏常停止跳动，触电者意识丧失，下颌、颈和舌等肌肉松弛，导致舌根及会塌向咽后壁，从而阻塞气道。当吸气时，气道内呈现负压，舌和会厌起到单向活瓣的作用，加重气道阻塞，导致缺氧，故必须立即开放气道，维持正常通气。

6）判断心跳是否存在

心脏在人体中起到血泵的作用，使血液不休止地在血管中循环流动，并使动脉血管产生搏动。所以只要检测动脉血管有否搏动，便可知有否心跳存在。颈动脉是中心动脉，在周围动脉搏动不明显时，仍能触及颈动脉的搏动，加上其位置表浅易触摸，所以常作为有无心跳的依据。判断脉搏的步骤如下。

① 在气道开放的情况下，作两次口对口人工呼吸（连续吹气2次）后进行。

② 一手置于触电者前额，使头保持后仰状态，另一手在靠近抢救者一侧触摸颈动脉，感觉颈动脉是否搏动。

③ 触摸时可用食、中指指尖先触摸到位于正中的气管，然后慢慢滑向颈外侧，移动2~3cm，在气管旁的软组织处触摸颈动脉。

④ 触摸时不能用力过大，以免颈动脉受压后影响头部的血液供应。

⑤ 电击后，有时心跳不规则、微弱和较慢。因此在测试时需细心，通常需持续5~10s，以免对尚有脉搏的触电者进行体外按压，导致不应有的并发症。

⑥ 一旦发现颈动脉搏动消失，需立即进行体外心脏按压。

（2）现场心肺复苏

现场心肺复苏是用人工方法来维持人体内的血液循环和肺内的气体交换。通常是采用人工呼吸法和体外心脏按压法来达到复苏目的。

1）口对口人工呼吸法

人工呼吸的目的是用人工的方法来替代肺脏的自主呼吸活动。使空气有节律地进入和排出肺脏，以供给体内足够的氧气。充分排出二氧化碳，维持正常的气体交换，口对口人工呼吸法是最简单有效的现场人工呼吸法。其操作方法如下所述。

① 触电者保持仰卧位，解开衣领。松开紧身衣着，放松裤带，避免影响呼吸时胸廓的自然扩张及腹壁的上下运动。

② 保持开放气道状态，使呼吸道通畅。用按在触电者前额上手的大拇指和食指捏紧鼻翼使其紧闭，以防气体从鼻孔逸出。

③ 抢救者作一次深吸气后，用双唇包绕封住触电者嘴外部，形成不透气的密闭状态，然后全力吹气，持续 1~1.5s，此时进气量约为 800~1200m³。进气适当的体征是：看到胸部或腹部隆起。进气量过大和吹入气流过快反而可使气体进入胃内引起胃膨胀。

④ 吹气完毕后，抢救者头稍作侧转，再作深吸气，吸入新鲜空气；在头转动时，应立即放松捏紧鼻翼的手指，让气体从触电者肺部经鼻、嘴排出体外。此时，应注意腹部复原情况，倾听呼气声，观察有无呼吸道梗阻。

⑤ 反复进行③、④两步骤，频度掌握在每分钟 12~16 次。

2）口对鼻人工呼吸法

观场急救时，因某些特殊原因无法采用口对口吹气时，可采用口对鼻人工呼吸法。其通气效果与口对口人工呼吸相近。操作步骤如下所述。

① 抢救者一手放在触电者前额，使其头部保持后仰姿势，另一手的手掌放在靠近颏部的下颌骨下方，将颏部向前抬起，使上、下唇紧闭。

② 抢救者作一深吸气后，用双唇包绕触电者的鼻孔部使其密封，再向鼻孔内吹气。

③ 抢救者将嘴移开，并用放于颏部的大拇指将上、下嘴唇分开，让触电者肺内气体呼出。如果对触电者进行人工呼吸无效时，可调整触电者头部位置，使其保持气道开放的良好状态。

3）体外心脏按压

心脏停止跳动的触电者必须立即进行体外心脏按压，以争取生存的机会。体外心脏按压是连续有节律地按压胸骨下半部。由于胸骨下陷直接压迫心脏，使血液搏出，为心、肺、脑和其他重要器官提供血液。

① 体外心脏按压操作步骤

a. 因为按压时用力较大，所以触电者必须仰卧于硬板上或地上。另外即使最好的操作，到达胸组织的血流也大为减少，如果头部比心脏位置稍高，将导致脑

23

部血流量明显减少。

b. 抢救者位于触电者一侧的肩部，按压手掌的掌根应放置于按压的正确位置——压区。

c. 抢救者两手掌相叠，两手手指抬起，使手指脱离胸壁，两肘关节伸直，双肩位于双手的正上方，然后依靠上半身的体重和臂部、肩部肌肉的力量，垂直于触电者脊柱方向按压。

d. 对正常身体的成人，按压时，胸骨应下陷 4～5cm，即充分压迫心脏，使心脏血液搏出。

e. 停止按压，使胸部恢复正常形态，心脏内形成负压，让血液回流心脏。停止用力时，双手不能离开胸壁，以保持下一次按压时的正确位置。

f. 每分钟需按压 80～100 次。

② 体外按压注意事项

a. 压区位置需正确，否则易使肋骨骨折。其定位方法如下：

（a）抢救者用离触电者腿部最近手的中指及食指合并后，设触电者一侧的肋弓下缘移至肋骨与胸骨接合处之"切迹"。

（b）再用此手掌的中指固定于胸骨"切迹"处，食指紧靠中指作为定位标志。

（c）靠触电者头部一侧手掌根部紧靠"切迹"处中指旁的食指，抢救者手掌长轴置于胸骨之长轴上，这样可保持按压的主要力量用在胸骨上，并减少肋骨骨折的可能性。

（d）将原用于定位的手掌放在已位于胸骨下半部的另一手的手背上，两手指抬起。

b. 在按压休止期内，务必使胸廓不受外力的作用，使其能恢复原状，以利血液回流。

c. 按压时，掌根必须位于压区内，用力须有节奏感，按压时间与放松时间大致应相等。

4）双人操作复苏术

双人操作复苏术是由两名抢救相互配合进行口对口人工呼吸和体外心脏按压。操作时，一人位于触电者头旁保持气道开放，进行口对口人工呼吸，测试颈动脉有否搏动以判断体外心脏按压是否有效，在抢救一段时间后判断触电者是否恢复自主呼吸和心跳。另一位抢救者位于触电者一侧进行体外心脏按压，如图 2-17 所示。

5）单人操作复苏术

当触电者心跳、呼吸均停止时，而现场仅有一抢救者，此时需同时进行口对口人工呼吸和体外心脏按压。其操作步骤如下：

① 开放气道后，连续吹气两次。

② 立即进行体外心脏按压 15 次（频率为 80～100 次/min）。

③ 以后，每作 15 次心脏按压后，就连续吹气两次，反复交替进行。同时，每隔 5min 应检查一次心肺复苏效果，每次检查时心肺复苏术不得中断 5s 以上。

单人心肺复苏术易学、易记，能有效地维持血液循环和气体交换，因此现场作业人员均应学会单人心肺复苏术。

现场抢救往往时间很长且不能中断，在经过长时间的抢救后，触电者的面色好转、口唇潮红、瞳孔缩小、四肢出现活动、心跳和呼吸逐渐恢复正常时，可暂停数秒进行观察。如果心跳、呼吸不能维护，必须继续抢救。终止心肺复苏工作是一项医学决定，只能由有关医务人员对触电者的脑功能和心血管状态作出正确诊断后，才能决定。其他任何人不能随便作出停止心肺复苏工作的决定，因此抢救者一定要坚持到医务人员到现场接替抢救工作为止。

2.1.3 电工常用工具、仪表的使用

1. 分类与符号

在电工作业中，电工仪表通常可分为安装式仪表、便携式仪表、电度表及实验室仪表。这些仪表的共同特点是可以通过读数直接获取测量结果，因此，也称它们为直读式电工仪表。

（1）指示仪表的分类

1）按作用原理分类

① 磁电系仪表：根据通电导体在磁场中产生电磁力的原理制成。

② 电磁系仪表：根据铁磁物质在磁场中被磁化后，产生电磁力的原理制成。

③ 电动系仪表：根据两个通电线圈之间产生电动力的原理制成。

④ 感应系仪表：根据交变磁场中的导体感应涡流，与磁场产生电磁力的原理制成。

⑤ 其他：包括整流系、热电系、电子系、铁磁电动系等。

2）按被测量的名称分类

按被测量的名称分类可分为电流表（如安培表、毫安表、微安表等）、电压表（如伏特表、毫伏表等）、功率表（瓦特表）、欧姆表、绝缘电阻表（兆欧表）、电度表（瓦时计）、频率表、相位表（功率因数表）、多用途仪表（万用表）等。

3）按测量的电流种类分类

按测量的电流种类分类可分为直流仪表、交流仪表和交直流两用仪表。常用仪表刻度盘上的标志符号见表2-1。

（2）电工仪表的型号

电工仪表的产品型号可以表达仪表的用途、作用和原理。

安装式指示仪表型号由5部分组成（见图2-10）。形状第一位代号按仪表的面

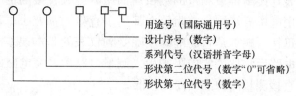

图 2-10　安装式仪表型号的编制规则

板形状最大尺寸编制；形状第二位代号按仪表的外壳尺寸编制；系列代号按仪表工作原理的系列编制。

仪表刻度盘上的标志符号　　　　　　　　　　　表 2-1

分类	符号	名称	分类	符号	名称
电流种类	——	直流表	作用原理	⌒	磁电式仪表
	∼	交流表		⊟	电动式仪表
	≂	交直流表		⊕	铁磁电动式仪表
	≋	三相交流表		⌇	电磁式仪表
测量对象	Ⓐ	电流表		⊛	电磁式仪表（有磁屏蔽）
	Ⓥ	电压表		⌒	整流式仪表
	Ⓦ	功率表	防御能力	Ⅲ	防御外磁场能力第Ⅲ等
	Wh	电度表	使用条件	Ⓑ	使用条件 B
准确度	⓪.5	0.5 级	工作位置	——	水平使用
绝缘试验	⚡ / ☆2	试验电压 2kV		↑ / ⊥	垂直使用

2. 常用的电工测量方法

使用电工测量仪器或电工仪表对未知电量进行测量称之为电工测量。测量方法可分为以下 3 种。

（1）直接测量法

直接测量法是指测量结果可以从一次测量的过程中得到。它可以使用电工测量仪器或电工仪表直接测得被测量的数值。如用电流表直接测量电流，用电压表直接测量电压，用电桥直接测量电阻等，都属于直接测量方法。直接测量法的优点是简便、读数迅速，缺点是它的准确度除受到仪表的基本误差的限制外，还由于仪表接入测量电路后，仪表的内阻被引入测量电路中，使电路的工作状态发生了改变，因此，直接测量法的准确度比较低。

（2）比较测量法

比较测量法是将被测量与已知的标准值在仪表内部进行比较，从而测得被测量数值的一种方法。比较测量法可分为 3 种。

1）零值法

零值法又称指零法，它是利用被测量对仪器的作用，与已知量对仪器的作用两者相抵消的方法，由指零仪表作出判断。当指零仪表指零时，表明被测量与已知量相等。用零值法测量的准确度，取决于度量器的准确度和指零仪表的灵敏度。

2）较差法

较差法是利用被测量与已知量的差值，作用于测量仪器而实现测量目的的一种测量方法。

3）代替法

代替法是利用已知量代替被测量，如不改变测量仪器原来的读数状态，这时被测量与已知量相等，从而获取测量结果。

比较测量法可采用比较式仪表，如电位差计等。它的优点是准确度和灵敏度都比较高，但缺点是操作麻烦，设备复杂，速度较慢。

（3）间接测量法

间接测量法是指测量时，只能测出与被测量有关的电量，然后经过计算求得被测量。如用伏特表、安培表测量电阻，先测得电阻两端的电压及电阻中的电流，然后根据欧姆定律，算出被测的电阻值。

间接测量法的特点是误差比直接大，但在工程中的某些场合，相对准确度的要求不高，间接测量法还是一种可取的测量方法。

3. 常用电工仪表使用

（1）钳形电流表

用电流表测量电流时，需断开被测电路，串入电流表。但在实际测量中，有时被测电路不允许断开，这时可采用钳形电流表进行测量。钳形电流表主要由两部分组成：电磁式仪表和电流互感器。T-301 型钳形电流表量程有 10A、25A、50A、100A、250A 等几种（见图 2-11）。

钳形电流表是一种携带式仪表，常用于流动性测量交流电流用。用钳形电流表测量电流时，按图 2-11（b）所示先让铁心张开，然后套住被测电流的电线。测量时铁心密合要好，表要放平，不能让其他交变磁场靠近电表，一定要离开其他通电导线或通电电磁铁一段距离。

目前，钳形电流表还可以测量直流电压、直流电流、交流电压、电阻，具有同万用表一样的功能。如 MG28 型钳形电流表就具有这种功

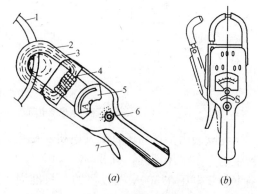

图 2-11　钳形电流表

1—电线；2—铁心；3—磁通；4—线圈；5—电流表；
6—量程选钮；7—铁心张开手柄

能。它的测量机构是一个电流互感器与一个磁电式仪表。测量直流电压、直流电流、交流电压、电阻的原理与万用表完全一样。测量交流电流时，利用电流互感器将电流变小，再利用万用表测交流电压方法通过二极管使电流只从一个方向流过表头。

钳形电流表在使用时应注意以下几个问题。

1）测量时，应将转换开关置于合适量程，对被测量的电流大小不知时，应将转换开关置于最大量程档，然后根据被测值的大小，变换到合适量程。应注意不要在测量过程中切换量程。

2）进行电流测量时，被测导线的位置应放在钳口中央，以免发生误差。

3）为使读数准确，钳口两个面应结合良好，如有噪声，可将钳口重新开合一次。如钳口有污垢，可用汽油擦净。

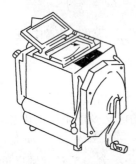

图 2-12　兆欧表

4）测量小于 5A 以下的电流时，为获得准确的读数，可将导线多绕几圈放进钳口进行测量，但实际的电流数值应为读数除以放进钳口内的导线根数。

5）不可用钳形电流表测量高压电路中的电流，以免发生事故。

（2）兆欧表

兆欧表又叫摇表（见图 2-12），是用于检查测量电气设备或供电线路绝缘电阻的一种可携式仪表。

电气设备绝缘电阻数值较大，如几十兆欧或几百兆欧，在这个范围内万用表的刻度是不准确的，并且使用万用表测量电阻时所用的电源电压比较低。在低电压下呈现的绝缘电阻不能反映在高电压作用下的绝缘电阻的真正数值，因此，绝缘电阻必须用备有高压电源的兆欧表进行测量。

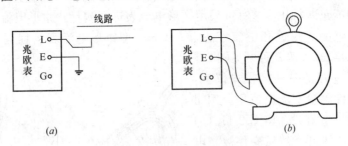

图 2-13　绝缘电阻测量
（a）线路对地绝缘电阻；（b）电动机对地绝缘电阻

兆欧表由手摇高压直流发电机、磁电式仪表两部分组成。因高压直流发电机产生的额定电压不同，有 250V、500V、1000V，2500V 等几种。一般低压电气设备（额定电压在 500V 及以下的）只准用 1000V 以下的兆欧表，以免较高的直流电压破坏电气设备的绝缘部分。电压较高的电气设备应用 1500V、2500V 的兆欧表。

兆欧表上有两个接线柱，一个是"线路"（L）接线柱；另一个是"接地"

（E）接线柱。在测量电路（或电气设备）对地绝缘电阻时，把 L 接在电路上，把（E）接地（或电气设备外壳），摇动直流发电机手柄，一个小的漏电电流由 L 出来经电路对地绝缘电阻到地，再由地到 E 流到磁电式仪表里去，测定出这个电流大小就可以测出绝缘电阻值。它和万用表测量电阻的原理是类似的（见图 2-13）。

有的三相电动机三相绕组引线是独立的，要测绕组相间的绝缘电阻，可将 L、E、分别接到两相绕组引线上就行了。

如空气潮湿或测电缆的绝缘电阻时，应接上屏蔽接线端子 G（或叫保护环），以消除绝缘物表面泄漏电流的影响（见图 2-14）。

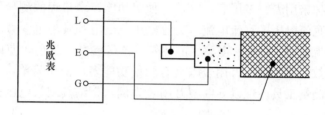

图 2-14　测量电缆绝缘电阻

兆欧表的正确使用方法如下所述。

1）兆欧表的连接线应是绝缘良好的单根线（最好是两色线）。

2）应将兆欧表放置平稳，摇动手柄由慢到快以每分钟 120 转左右为宜。

3）测量前，应先对兆欧表作一次开路试验（连线开路，摇动手柄，指针应指向∞）和一次短路实验（连线直接相连，摇动手柄，指针应指向 0）。如果不准，说明仪表有故障。注意，不使用时仪表指针位置是随意的。

4）测量时，手柄应摇到使表针稳定的位置。如果表针指零，应立即停止摇动，以免烧表。

5）测量绝缘电阻以前，电气设备应断电。对于有电容器的电气设备或本身有很大电容的（如电缆）电气设备，应接地放电或短路放电，以保障人身和设备的安全。

6）摇表手柄没有停止转动以前，切勿用手触及兆欧表接线柱或设备带电部分，以防触电。

7）测量完毕后，应将被测设备放电。

（3）接地电阻测量仪

测量各种接地装置的接地电阻测量仪由手摇发电机、电流互感器、滑线电阻、转换开关及检流计等组成。

接地电阻测量仪一般有 E、P、C 三个端子。在进行测量时按图 2-15 所示接线。首先将两根探针分别插入大地中，使接地极 E'、电位探针 P'，和电流探针 C' 3 点在一条直线上。E' 至 P' 的距离为 20m，E' 至 C' 的距离为 40m。然后用专用的导线分别将 E'、P' 和 C' 接至仪表相应的端钮上。将仪器置于水平位置，检查检流计的指针是否指在刻度中间的零位上。如有偏差应用零位调节螺母进行调整。接地电阻测量仪不仅有"倍率盘"，而且还有用来读数的"测量标度盘"。测量时将

"倍率盘"置于最大倍数。在完成上述步骤后缓缓摇动发电机手柄，调节"测量标度盘"，使检流计的指针趋向零位。当指针接近零位时，加快发电机手柄的转速，达到每分钟 120 转左右，再调整"测量标度盘"，使指针指于零位上。

在测量时如发现检流计的灵敏度过高，可将电位探测针 P′插入土中浅一些。当发现检流计灵敏度不够时，可在电位探测针 P′和电流探测针 C′的周围注水使其湿润。

测量时，接地线路要与被保护的设备断开，以便得到准确的测量数据。

（4）万用表

万用表又称繁用表、多用表，它是一种多功能、多量程的测量仪表。万用表可以用来测量直流电压、直流电流、交流电压、电阻和其他电参数。有些万用表还可以测量交流电流、电容、电感、晶体管 β 值等参数。目前，使用的万用表有普通指针式和数字式两种。万用表因具有测量功能多，操作简单，携带方便，是电工最常用的测量工具。现以 500 型万用表为例，介绍其测量电压、电流和电阻的使用方法。

万用表主要由表头、测量线路和转换开关 3 部分组成。外形为便携式或袖珍式，面板上装有标度盘、转换开关、调零旋钮以及插孔等。根据型号的不同，万用表外形也不完全相同（见图 2-16）。

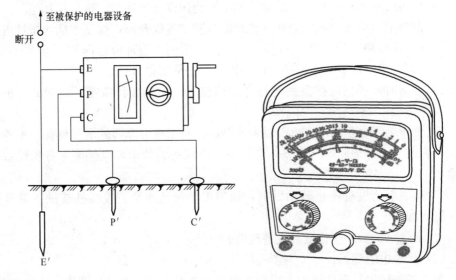

图 2-15 测量接地电阻的接线方法   图 2-16 500 型万用表

万用表表头上都装有一块刻度盘。刻度盘上的标尺一般有以下特点：直流电流和直流电压标度尺的刻度是均匀的，其一端用"—"或"DC"表示。交流电压标度尺的刻度一般不是均匀的，其一端用"～"或"AC"表示。电流、电压挡标度尺上还同时标上几组读数，以便于选择不同量程时进行换算。电阻（欧姆）标度尺的标度也是不均匀的，而且零点在右端，左端标"∞"。电阻标度尺的符号是"Ω"。表盘上一般还有一条非均匀标度的 10V（有些表为 5V）交流电压挡专用标度尺，这是为提高低压测量精度而设置的。

500型万用表的刻度盘上共设置了四条刻度尺。最上面的是电阻标度尺，接下来依次是直流电流和交直流电压公用刻度尺，0～10V交流电压专用标度尺，最下面的一条是测音频电压用的标度尺。另外，测交、直流高压2500V时，测笔应与2500V和"＊"两个插孔相接，以保证安全。测量音频电压时则用"dB"与"＊"两插孔。

万用表测量方法和注意事项。

1）测量前，必须将转换开关拨到相应的交流电压量程挡。如果误用直流电压挡，表头指针会不动或略微抖动；如果误用直流电流挡或电阻挡，轻则打弯指针，重则烧坏表头，这是很难修复的。

2）测量时，将测笔并联在被测电路或被测元器件两端。

3）严禁在测量中拨动转换开关选择量程，在测量较高电压时更是如此，这样可以避免电弧烧坏转换开关触点。

4）测电压时，必须养成单手操作的习惯，即预先把一支表笔固定在被测电路的公共接地端（若表笔带鳄鱼夹则更方便），单手拿一支表笔进行测量。测量过程中必须精力集中。

过程2.2　维护照明设备

2.2.1　照明设备的认知

电气照明是建筑物的重要组成部分，照明设计可以烘托建筑造型、美化环境，照明质量的好坏直接影响人们的工作效率和视力保护。在智能建筑中，照明用电量很大，往往仅次于空调用电量。

1. 照明种类

（1）正常照明

在正常情况下，要求能顺利地完成工作、保证安全和能看清周围物体而设置的照明，称为正常照明。正常照明的方式有3种：一般照明、局部照明和混合照明。所居住的房间和供工作、运输、人行的走道以及室外庭院和场地，均应设置正常照明。

（2）事故照明

正常照明因故障熄灭后，供事故情况下继续工作或安全通行的照明称为事故照明。在由于工作中断或误操作容易引起爆炸、火灾以及人身事故等会造成严重后果和经济损失的场所，应设置事故照明。事故照明布置在可能引起事故的设备、材料周围以及主要通道和出入口，并在灯的明显部位涂以红色，以示区别。事故照明通常采用白炽灯（或卤钨灯）。如果事故照明若兼作为工作照明的一部分则需经常点亮。

（3）警卫值班照明

在值班室、警卫室、小门卫室等地方所设置的照明叫做警卫值班照明。它可利用正常照明的一部分，但应能单独控制，也可利用事故照明的一部分或全部作为值班照明。

（4）障碍照明

在建筑物上装设用于障碍标志的照明称为障碍照明。例如，装设在高层建筑物顶部作为飞行障碍标志的照明，装在水上航道两侧建筑物上作为航道障碍标志的照明。这些照明应按照交通部门有关规定设置，尽量采用能透雾的红光灯具。

（5）彩灯和装饰照明

彩灯和装饰照明是为美化市容夜景以及节日装饰和室内装饰的照明彩灯和装饰照明。

2. 常用电光源

（1）白炽灯

白炽灯就是普适灯泡，它构造简单，成本低，使用方便，显色性好，容易调光。但它的发光效率较低，只有2%～3%，它所消耗电能的97%左右都通过发热消耗掉。其一般寿命只有1000h。

白炽灯对电压变化比较敏感，电压升高5%，它的使用寿命降低1/2，电压降低5%，光通量下降18%。白炽灯的额定电压为220V和36V两种。

（2）荧光灯

荧光灯由镇流器、灯管、启辉器和灯座等组成。荧光灯的优点是光效高，是相同瓦数白炽灯的2～5倍。荧光灯节约电能，显色性好，使用寿命为2000～10000h。荧光灯的缺点是有频闪效应，附件多，不宜频繁开关。荧光灯的使用场合非常广泛，在家庭、学校、商店等多处场所均可使用。

新型荧光灯采用电子镇流器，取代了老的铁心线圈镇流器和启辉器，使荧光灯无频闪，启动电压范围大，节电，延长了灯管寿命。

（3）高压水银灯

高压水银灯也称为高压汞灯，经常用在道路、广场等地。它的优点是省电、耐振、寿命长、发光强。缺点是启动慢，需4～8min，显色性差。

（4）碘钨灯

碘钨灯采用耐高温石英管，内充碘或碘化氢惰性气体，灯丝温度为2600℃、3200℃，灯管温度为250℃。利用碘钨循环作用使灯丝蒸发的一部分钨重新附着在灯丝上，以补偿钨的蒸发损失，从而既提高了发光效率，又延长了灯具的使用寿命。

（5）高压钠灯

高压钠灯是目前广泛应用的交通照明灯具。它的特点是：①发光效率高，属节能型光源；②结构简单，坚固耐用，平均寿命长；③黄色光谱透雾性好，最适合交通照明。

3. 灯具的分类及选用

在实际的照明过程中，电光源裸露点燃显然是不合理的，它总要和一定形式的灯具配合使用。灯具与光源在一起组成一个完整的照明器。灯具的类型是很复杂的，大体可以按以下几种情况进行分类。

（1）灯具的分类

1）按光线在空间的分布情况分类

①直射型灯具：能够使90%以上的光线向下投射，绝大部分的光线集中在工作面上，使工作面得到充分的照度。直射型灯具又可根据光线的分布是否集中分成广照型、配照型、深照型灯具。

②半直射型灯具：能够使60%的光线向下投射，光线既能大部分集中在工作面上，同时也能使空间环境（如顶棚、墙壁）得到适当的照明，使整个空间比较明亮，阴影变淡。

③漫射型灯具：空间各个方向上的光线分布基本相同，可以达到无眩光，如乳白罩玻璃圆球灯就属于这一类灯具。

④半间接型照明灯具：能够使60%以上的光线向上投射，而向下投射的光线只是一小部分。此种灯具光线利用率比较低，但是光线柔和，阴影基本被消除。

⑤间接型灯具：能够使90%以上的光线向上投射，利用反射使整个顶棚作为第二发光体。这种灯具可以使光线变得非常柔和均匀，完全避免了眩光但光线的利用率是最低的，如金属制反射型吊灯、金属制反射型壁灯等。

2）按照灯具在建筑物上的安装方式分类

①吸顶式：在顶棚上直接安装的照明器为吸顶式。适用于顶棚比较光亮并且比较低的房间作直接照明。特点是顶棚比较明亮，可以形成全房间的明亮感；缺点是容易产生眩光，灯的效率较低。

②嵌入顶棚式：将照明器嵌入顶棚内，适用于低顶棚，要求眩光少的房间。缺点是顶棚有阴影感，并且照明的经济效益较差。

③悬挂式：用软线、链子、管子等将灯具从顶棚吊下来的方式称为悬挂式。是在一般建筑物照明中应用较多的一种方式。

④墙壁式：用托架将照明器直接装在墙壁上称为墙壁灯。它主要作为室内装饰用，是一种辅助性的照明器。

⑤可移动式：这种照明器往往是作为辅助性照明器具，如桌上的台灯，放在地上的落地灯和床头灯等。因为这类灯具一般可以自由移动，所以在选择灯具时，应注意其稳定性。

3）特殊照明器具

①防潮型：在湿度高的环境中，采用普通照明器会使安全性能降低，需要采用防潮型灯具。这种灯具主要是将光源用透光罩密封起来，使光源与外界隔离。适用于浴室、潮湿或有水蒸气的车间、隧道等场所的照明。

②防爆安全型：这种灯具采用高强度的透光罩和灯具外壳，将光源和周围环境隔离。可以将灯具在正常运行的情况下产生的电火花密封在泡壳内，与周围易爆炸气体相隔离。适用于在正常情况下有可能形成爆炸危险的场所。

③ 隔爆型：这种灯具不是靠密封性防爆的，而是在透光罩与灯座之间有隔爆间隙。当气体在灯内发生爆炸，经过间隙溢出灯外时，高温气体即可被冷却，从而不会引起外部易爆气体的爆炸。它主要应用于在正常情况下有可能发生爆炸的场所。

④ 防腐蚀型：将光源封闭在透光罩内，不使具有腐蚀性的气体进入灯内。灯具的外壳是用耐腐蚀的材料制成的。

(2) 灯具的选用

灯具的种类繁多，应根据建筑物的不同用途，选择不同形式的灯具。选择灯具要从实际出发，既要适用，又要经济，并在可能的条件下注意美观。选择灯具一般可以从以下几个方面来考虑。

1) 配光选择，即室内照明是否达到规定的照度，工作面上的照度是否均匀，有无眩光等。例如，在高大厂房中，为了使光线能集中在工作面上，就应该选择深照型直射灯具。

2) 经济效益，即在满足室内一定照度的情况下，电功率的消耗、设备投资、运行费用的消耗都应该适当控制，使其获得较好的经济效益。

3) 选择灯具时，还需要考虑周围的环境条件，如有爆炸危险的场所应选用防爆型灯具，同时还要考虑灯具的外形与建筑物是否协调。

总之，灯具的选择，要根据实际条件进行综合考虑。例如，对于一般生活用房和公共建筑多采用半直射型或漫射型灯具。这样可以使室内顶棚有一定的光照，整个室内空间照度分布比较均匀。在生产厂房多采用直射型灯具，可以使光通全部或大部分投射灯具，室外需采用防雨式灯具。

(3) 灯具的布置

灯具的布置是确定灯具在房间内的空间位置。应满足以下一些要求。

1) 规定的照度。

2) 工作面上照度均匀。

2.2.2　安装照明电路

1. 照明配电系统

建筑物内部的照明供电系统，应根据工程规模的大小、设备布置、负荷容量等条件确定。对容量较大的照明负荷，一般采用 380V/220V 三相四线制配电方式，如图 2-17 所示。

在图 2-17 中，每相均与中性线构成单相 220V 电路，将照明负荷尽可能均匀分配到三相电路中，形成对称三相负荷。

室内照明支线的每一个单回路，一般采用不大于 15A 的熔断器或自动开关保护。每一单相回路所接灯头数（包括插座）一般不超过 25 个。

2. 照明电路的布置

由室外架空供电电路的电杆上至建筑物外墙的支架之间为接户线。从外墙到总照明配电盘之间称为进户线。由总配电盘至分配电盘的线路称为干线。由分配

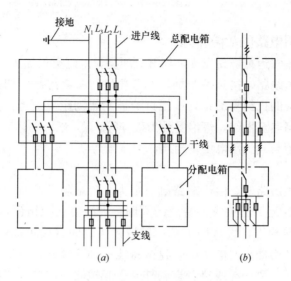

图 2-17　三相四线制供电系统

(a) 三相四线；(b) 三相三线

电盘引出的线称为支线。如图 2-18 所示。

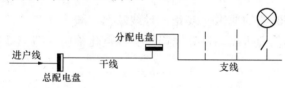

图 2-18　照明线路的基本形式

　　总照明配电盘内包括照明总开关、总熔断器，电能表（电度表）和各干线的开关、熔断器等电气设备。分配盘有分开关和各支线熔断器。照明线路一般以两级配电盘保护为宜。

　　干线是总配电盘到分配电盘的线路，它通常有放射式、树干式两种形式。

　　（1）放射式配电系统

　　可靠性高，配电设备集中，检查维修方便，但系统灵活性较差，有色金属消耗较多，一般适用于容量大、负荷集中的用电设备，如图 2-19 所示。

　　（2）干线式配电系统

　　所需配电设备及有色金属消耗量较少，系统灵活性较好，但干线故障时影响范围大，一般适用于用电设备比较均匀、容量不大的场合。如图 2-20 所示。

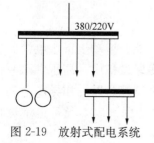

图 2-19　放射式配电系统

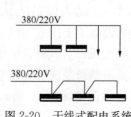

图 2-20　干线式配电系统

2.2.3　照明电路的故障排除

照明装置不正常运行极易发现，如开灯不亮，电灯突然熄灭。从电源配电箱，经过熔断器、开关线路，接到每个灯，都需要进行检查维修。如荧光灯镇流器声音增大，拉线开关的拉绳易磨损，拉线灯泡离易燃物距离太近，易发生火灾，闸刀开关因过负荷高热至发红，灯泡受外力破碎等。

照明装置故障与其他用电设备相同，大体分为以下 3 种。

（1）短路

照明线路发生短路时，由于短路电流很大，若熔丝不及时熔断，可能烧毁电线或电气设备，甚至引起火灾。造成的原因：一般由接线错误而引起相线（火）与零线（地）直接相连；因接触不良而导致接头之间直接短接；因接线柱松动，而引起连线；在使用插头时图省事，直接将线头插入插孔，造成混线短路；电器用具内部绝缘损坏，致使导线碰触金属外壳引起短路；房屋失修漏水，或室外灯具日久失修，橡皮垫失效漏水，造成灯头或开关受潮，绝缘不良，相通短路；导线受外力损伤，在破损处相连线、同时接地等。

（2）断路

引起照明线路断路的原因主要是：导线断落，线头松脱，开关损坏，熔丝熔断以及导线因受损伤而折断，铝导线连接头因电化学腐蚀造成断路，接线端子受振动松脱等。

（3）漏电

漏电主要是由于电线或电气设备的绝缘部分因外力损伤，或长期使用，发生老化；或受到潮气侵袭或被污染导致绝缘不良，而引起漏电。照明线路发生漏电时，不但浪费电力，即不点灯电能表也可能走字，更重要的可能会引起电击事故。漏电与短路仅是程度上的差别，严重的漏电即会造成短路。因此，应将漏电看成短路的前兆，对漏电切不可漠然视之。所以要定期检查照明线路的绝缘情况，尤其是当发生漏电现象后，应立即查找故障点及漏电原因，对症处理，从而尽早消除漏电现象。

过程 2.3　维护动力设备

2.3.1　动力设备的认知

动力设备主要指电动机，它能将电能转换成机械能，拖动上下水电泵、空调装置、鼓风机、引风机、电梯等机械设备运转。在房屋设备中，高压供水系统的水泵、高层消防系统的消防泵、人防送风系统的风机等都是以三相异步电动机为动力（电梯设备除外）。因此，做好电动机的维护，是保证以上设备正常运行的关键。

1. 电动机的种类

电动机的种类很多，根据使用电源的不同，分为直流电动机和交流电动机；根据工作原理不同，分为同步电动机和异步电动机；按转子结构不同，分为笼式电动机和绕线式电动机。

2. 异步电动机

异步电动机也称感应电动机，其结构简单、运行可靠、价格便宜、启动简单、维护方便，并可直接使用交流电源，因此应用相当广泛，其中笼式电动机又用得最多。异步电动机有单相与三相之分。单相异步电动机一般是 1kW 以下的小型电动机，其性能较三相异步电动机差，仅用于家用电器等使用单相电源的场合。大部分生产装置均是由三相异步电动机带动。

（1）异步电动机的启动

电动机从接通电源开始旋转，转速逐渐升高，达到稳定转速为止，这一过程称为启动。启动性能的优劣，对生产、生活有一定的影响。当三相异步电动机接通电源后，电动机开始启动的初始瞬间，旋转磁场以最大的相对转速切割转子绕组，转子绕组的感应电动势及感应电流都很大，很大的启动电流会使电源内部和供电电路上的压降增大，接在同一电路中的其他负载的端电压下降，从而影响其他负载的正常工作，如附近的照明灯泡变暗等。笼式异步电动机的启动方式有直接启动和降压启动两种。

（2）异步电动机的选择

异步电动机的选择主要考虑 3 个因素：笼式和绕线式转子绕组方式的选择，转速的选择，额定功率的选择。

异步电动机的使用应根据不同的要求、不同的工作环境来选择。对于启动性能较差，调速困难的空载或轻载场合，如水泵和风机等，适合选用笼式异步电动机；对于启动性能较好，要求启动转矩大和在一定范围内调速的地方，如起重机和卷扬机等，选用绕线式异步电动机带动。

通常异步电动机的同步转速不低于 500r/min，电动机的转速应视被动机械的要求而定，其功率应根据被动机械的需要来选择。

3. 动力设备常用低压电器

（1）熔断器

熔断器主要由熔体和安装熔体的熔管（或熔座）两部分组成，如图 2-21 所示。

1）熔断器的用途

熔断器应串联接在被保护电路中，当电路短路时，由于电流急剧增大，使熔体变热而瞬间熔断，以保护电路和电路上的设备，所以它主要作为短路保护。

2）熔断器的选用

① 熔断器的选择

选择熔断器时不仅要使熔断器的形式符合电路要求和安装条件，而且必须满足熔断器的额定电压应不小于电路的工作电压，熔断器的额定电流应不小于所装熔体的额定电流。

② 熔体额定电流的选择

a. 电灯和电热电路：应使熔断器的额定电流 I_{NFU} 不小于所有负载的额定电流 I_{NL} 之和，即：

$$I_{NFU} \geqslant \Sigma I_{NL}$$

用电设备的装接容量较大时，可考虑乘 0.8 以上的用电设备利用率。

b. 单台电动机线路：应使熔断器的额定电流不小于（1.5～2.5）倍电动机的额定电流（启动系数取 2.5 仍不能满足时，可放大到不超过 3）。即：

$$I_{NFU} \geqslant (1.5 \sim 2.5)I_{NM}$$

c. 多台电动机电路：应使熔断器的额定电流不小于（1.5～2.5）倍的最大一台电动机额电流 $I_{NM(m=1)}$，加上其他所有电动机的额定电流 $\Sigma I_{N(n-,m)}$ 乘电动机的使用系数 K（K 为同一时间所用的最大容量 ΣP_{Nmt} 与装接的总容量 ΣP_N 比值），即：

$$I_{NFU} \geqslant (1.5 \sim 2.5)I_{NM(m=1)} + \Sigma I_{NL(n-m)} \times K$$

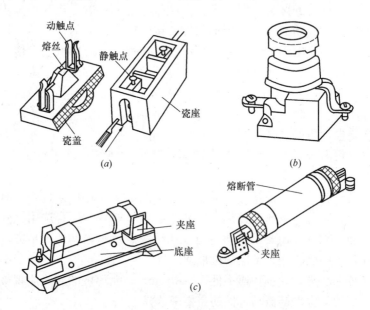

图 2-21 常用低压熔断器
(a) RC1A 型；(b) RL1 型；(c) RM10 型

③ 熔断器的安装

a. 熔断器应完整无损、接触紧密可靠，并应有额定电压、电流值的标志。

b. 瓷插式熔断器应垂直安装。螺旋式熔断器的电源进线应接在底座中心端的接线端子，用电设备应接在螺旋壳的接线端子上。

c. 熔断器内应装合格的熔体，不能用多根小规格的熔体并联代表一根大规格的熔体。

d. 安装熔断器时，各级熔体应相互配合，并做到下一级熔体应比上一级小。

e. 熔断器应安装在各相线上，在三相四线或二相三线制的中性线上严禁安装熔断器，而在单相二线制的中性线上应该安装熔断器。

f. 熔断器兼作隔离使用时，应安装在控制开关电源的进线端，若仅作为短路保护使用时，应安装在控制开关的出线端。

(2) 低压断路器

低压断路器，又称自动开关。它的基本结构由触点系统、灭弧装置、操作机构和保护装置等组成。常用 DZ5—20 型低压断路器的外形结构如图 2-22 所示。

1) 低压断路器的用途

低压断路器是一种能自动切断故障电流并兼有控制和保护功能的低压电器。通常用做电源开关，有时也用来作为电动机不频繁的启动、停止的控制和保护。

2) 低压断路器的选用

低压断路器的主要技术参数可按下列条件选择。

① 低压断路器的额定电压和额定电流应不小于电路的正常工作电压和电路的实际工作电流。

② 热脱扣器的额定电流应当与所控制的电动机或其他负载的额定电流一致。

③ 电磁脱扣器的瞬时动作整定电流 I_{Nr}，应不小于负载电路正常工作时可能出现的峰值电流，对电动机可按下式选取：

$$I_{Nr} \geqslant K \cdot I_{Sr}$$

式中　K——安全系数，对 DZ 型取 $K=1.7$，对 DW 型取 $K=1.35$；

　　　I_{Sr}——电动机启动电流，A。

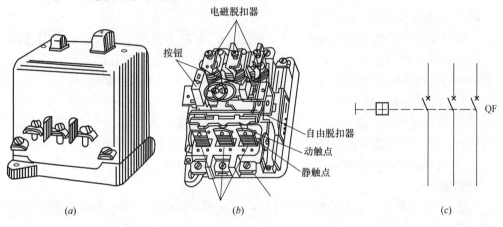

图 2-22　DZ5—20 型低压断路器
(a) 外形；(b) 结构；(c) 符号

④ 断路器的极限通断能力应不小于电器最大的短路电流。

3) 低压断路器的安装

低压断路器一般应垂直安装，并保证操作的安全。当低压断路器用做总开关或电动机的控制开关时，在断路器的电源进线侧必须加装隔离开关、刀开关或熔断器等，作为明显的断开点。

(3) 接触器

接触器按触点通过电流的种类不同，可分为交流接触器和直流接触器，它们的结构基本相同，主要由电磁系统、触点系统与灭弧装置 3 部分组成，如图 2-23 所示。

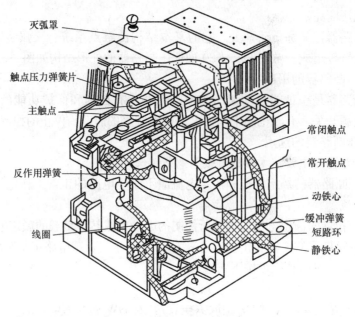

图 2-23　接触器的结构

1）接触器的用途

接触器是一种自动的电磁式开关，它是利用电磁力作用下的吸合和反向弹簧的释放，使触点闭合和分断，导致电路的接通和断开。还能实现远距离操作和自动且具有失电压和欠电压的释放功能，适用于频繁地启动及控制的电动机。

2）接触器的选用

① 选择接触器的类型时，可根据被控制电动机或负载电流的类型选择接触器的类型，即交流负载应选用交流接触器，直流负载应选用直流接触器。

② 选择接触器点的额定电压时，选用的接触器触点的额定电压应不小于负载回路的额电压。

③ 选择接触器主触点的额定电流时，CJ10 系列接触器主触点电流可按经验公式计算，即：

$$I_K = \frac{P_N \times 10^3}{K \cdot U_N}$$

式中　I_K——接触器主触点电流，A；

　　　P_N——被控制电动机的额定功率，kW；

　　　K——经验常数，取 1.4；

　　　U_N——电动机的额定电压，V。

选用接触器主触点的额定电流要大于此值，也可选用电动机的最大功率。如使用在频繁启动、制动和频繁可逆的场合时，一般可选用大一个等级的交流接触器。

④ 选择接触器吸引线圈的电压时，应从安全角度考虑，可选得低一些。当控

制电路中的线圈数超过 5 个时，用变压器供电时可采用 110V，但当控制电路比较简单，为减小变压器供电电压值，则选用 380V。

⑤ 接触器触点的数量、种类应满足控制线路的要求。

（4）按钮

按钮是短时间接通或断开小电流电路的电器。机床常用的为复合按钮，有一组常开和一组常闭的桥式双断点触点，安装在一个塑料基座上。按按钮时，桥式动触点先和上面的静触点分离，然后和下面的静触点接触，手松开后，靠弹簧返回原位。

1）按钮的用途

在电气控制电路中，按钮主要用于操纵接触器、继电器或电气连锁电路，再使它们去控制主电路，来实现各种运动的控制。

2）按钮的选用

可根据所需要的触点数，使用的场合及颜色标注来选择。通常，按钮的交流额定电压为 500V，触点允许持续电流为 5A。

2.3.2　安装动力设备

国产三相异步电动机原有的 J 系列、JO 系列已被新型节能的 Y 系列电动机代替。Y 系列三相异步电动机具有效率高、启动转矩大、噪声低、振动小、性能优良、外形美观等优点。其功率等级和安装尺寸，均符合国际电工委员会（IEC）标准。Y 系列三相异步电动机还有很多派生系列，如 YD 系列多速三相异步电动机；YR 系列绕线转子三相异步电动机；YZ、YZR 系列起重冶金用异步电动机和起重冶金用绕线转子异步电动机；YZ—H 系列船用起重三相异步电动机等。

1. 三相异步电动机的基本结构

三相异步电动机的结构与其他旋转式电动机一样，都是由固定不动的部分（定子部分）和转动的部分（转子部分）组成。定子部分与转子部分之间留有气隙。此外，还有前后端盖、轴承、轴承盖、风扇、三相滑环、电刷装置和接线盒等。笼形异步电动机的结构解剖图为图 2-24。

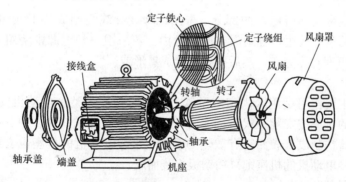

图 2-24　三相笼形异步电动机的结构

（1）定子部分

定子部分主要由定子铁心、定子绕组和机座 3 个部分组成。

1）定子铁心

定子铁心是电动机磁路的一部分，采用 0.5mm 厚的硅钢片经过冲剪、涂漆后叠压而成，如图 2-25 所示。当铁心直径较小时，采用整片冲剪叠成；当铁心直径较大时，先冲剪成扇形片，然后再组合成整圆再叠成。

在定子铁心内圆上开有均匀分布的槽，用来放置定子绕组。根据所开的槽形不同，可分为半闭口槽、半开口槽和开口槽（见图 2-26）。我国目前生产的功率在 100kW 以下的电动机的定子槽是采用半闭口槽形。

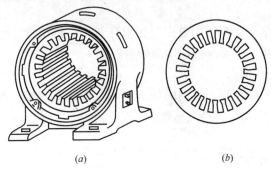

（a）   （b）

图 2-25　定子铁心和硅钢片
（a）定子铁心；（b）硅钢片

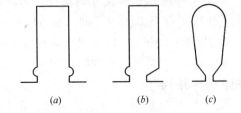

（a）   （b）   （c）

图 2-26　定子槽形
（a）开口槽；（b）半开口槽；（c）半闭口槽

2）定子绕组

定子绕组是电动机电路的部分，采用绝缘铜导线绕制成若干线圈连接而成。每个线圈的两条有效边，分别放在两条槽内。若采用三相电源则绕组必须分成三组按 120°电角度对称分布，然后按要求接成星形或三角形。

3）机座

机座的主要作用是用来固定定子铁心，同时又作为整个电动机安装的基础。异步电动机的机座按安装方式不同有卧式、立式和立卧式 3 种。中、小型电动机的机座采用铸铁制成，表面铸有散热的筋片。小型电动机的机座也有用铝合金压铸而成；大型电动机的机座则采用钢板焊接而成。

（2）转子部分

转子部分由转子铁心、转子绕组和转轴组成。

1）转子铁心

转子铁心也是电动机磁路组成部分，采用 0.5mm 厚的硅钢片冲叠成圆柱，表面开有槽,可用来安放转子绕组。

2) 转子绕组

转子绕组分为笼形和绕线形两种。

笼形转子绕组的每一个槽内都有一根裸导体,在伸出铁心两端的槽口处,用两个端环把所有裸导体连接起来,整个绕组的外形就像一个"鼠笼"(见图2-27)。导电体和端环可以用熔化的铝液一次压铸而成,并且在端环上还铸有散热的风叶片。为了加强整个转子强度往往把笼形绕组和转子铁心制成一个整体。笼形绕组也可用铜条插入转子槽内,再在两端焊上铜端环。中、小型异步电动机一般采用铸铝转子。

绕线形转子的绕组其结构和定子绕组相似,采用绝缘的铜导线绕制成线圈,嵌入转子铁心中,绕组连接成星形。其3个端头分别接到3个彼此绝缘同时又与转轴也绝缘的集电环(滑环)上,再通过3组电刷与外电路连续(见图2-28)。

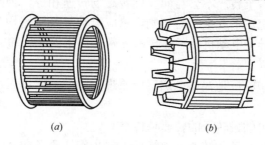

(a)   (b)

图 2-27　笼形转子部分

(a) 笼形绕组;(b) 转子外形

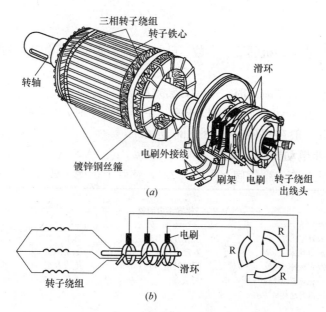

图 2-28　线绕式转子部分

(a) 外形;(b) 结构示意图

2. 三相异步电动机的工作原理

在三相异步电动机的定子绕组中通入三相对称交流电以后，会在定子铁心气隙中产生一个旋转的磁场，转子绕组在这一旋转电磁场作用下会产生感应电动势，形成感应电流。电流在磁场中受到力会产生转动力矩使电动机的转子旋转。现在先分析一下定子铁心气隙中旋转磁场是如何产生的，其转速、转动方向如何确定。然后再分析一下转子绕组在旋转磁场作用下是如何产生转动力矩的，力矩方向如何确定。

（1）三相异步电动机的工作原理

三相对称绕组通以三相对称的正弦交流电后，在空间形成旋转磁场，其转速为 $n_1 = \dfrac{60f}{p}$，这个转速称为同步转速。

旋转的磁场将切割转子导体，转子内将产生感应电动势及感应电流，使转子朝着同步转速的方向旋转。由于转子的旋转需要转矩，而转矩是由转子导体中的电流产生的，所以转子转速不会与同步旋转磁场转速相等，否则转子导体与旋转磁场的位置相对固定，不发生相对切割，感应电动势及电流均为零，转子上就不存在转矩。因此，异步电动机转子的转速 n 永远低于同步转速 n_1，这就是异步电动机中"异步"的来历。

由于转子异体中电流是根据电磁感应原理产生的，所以三相异步电动机又称为三相感应电动机。

（2）三相异步电动机转子的转速和转差率

三相异步电动机转子的转速 n 永远低于同步旋转磁场转速 n_1，两者之间存在着差异，如果把同步转速 n_1 与转子转速 n 之间的差值称为转差，转差与同步转速的比值称为转差率，用 S 表示，即：

$$S = \frac{n_1 - n}{n_1}$$

转差率是异步电动机的重要参数，已知转差率即可求得电动机的转速 n，即：

$$n = n_1(1 - S)$$

异步电动机在启动瞬间时，$n=0$，转差率 $S=1$；随着转速上升转差率逐渐减小到接近于 0；当 $S=0$ 时，为同步转速；在异步转速时，$1 > S > 0$。异步电动机正常工作时，S 一般在 $0.02 \sim 0.06$ 之间。

3. 三相异步电动机的铭牌

每台电动机都有一个铭牌（见图 2-29）。铭牌上标明了该电动机的主要性能和

三相异步电动机

型号Y160L-4	安装方式 B3	标准××××
额定功率 15kW	额定电压 380V	额定电流 29.7A
额定频率 50Hz	额定转速 1450 r/min	绝缘等级 B
外壳防护等级 IP44	接法△	重量××
定额为连续		

××电机厂

图 2-29　Y 系列三相电动机铭牌

技术参数。这对正确使用和维护电动机是必不可少的。

（1）型号

Y 系列异步电动机的型号由 4 部分组成，表示电动机的种类和特点。

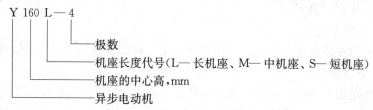

（2）额定功率

额定功率表示电动机在额定运行情况下，从转轴上输出的机械功率，单位为瓦（W）或千瓦（kW）。

（3）额定电压

额定电压表示电动机在额定运行情况下，输入定子三相绕组的线电压（单相电动机为相电压），单位为伏（V）。

（4）额定电流

额定电流表示电动机在额定运行情况下，输入定子三相绕组的线电流，单位为安（A）。

（5）额定频率

额定频率规定电动机所接交流电源的频率，单位为赫兹（Hz），我国的供电电源标准频率为 50Hz

（6）额定转速

额定转速表示电动机在额定运行情况下的转速，单位为转/分（r/min）。

（7）接法

接法是电动机在额定电压下，定子三相绕组采用的联结方法，一般有三角形（△）和星形（Y）两种接法。

三相异步电动机的接线原则是：保证电动机接入电源后每相线圈实际承受的电压与它的额定电压相符。如铭牌上的电压为 380V，就表明电动机每相绕组额定电压是 380V，使用时应接成三角形（△）；若铭牌上的电压为 220V/380V，接法为△/Y 时，就表明电动机每相定子绕组的额定电压是 220V 时，定子绕组应接成三角形（△）。

当电动机功率≤3kW 时，绕组接成星形（Y）；电动机功率≥4kW 时，绕组接成三角形（△）。

（8）绝缘等级

绝缘等级表示电动机所用的绝缘材料的耐热等级。E 级为 120℃；B 级为 130℃；F 级为 155℃。

（9）定额

定额是指电动机运行允许时间。电动机的定额分为连续、短时和周期工作 3

种。连续定额的电动机可以长时间连续运行；短时定额的电动机只能在规定的时间内限时运行；周期工作定额的电动机必须运行于一系列完全相同的周期条件下，工作一段时间，再停止一段时间，周期的时间为 10min，标准负载持续率为 15%、25%、40% 和 60% 四种。

（10）安装方式

电动机的安装方式有卧式、立式和立卧式 3 种，分别用 B3、B5 和 B35 表示。

（11）防护等级

关于外壳防护等级的代号，通常由特征字母 IP 和两个特征数字组成。第一位数字指：防止人体触及或接近外壳内部带电部分和触及运动部件，防止固体异物进入外壳内部的防护等级；第二位数字指：防止水进入外壳内部达到有害程度的防护等级。

4. 三相异步电动机的启动、正反转和制动

所谓启动就是指电动机的转子由静止状态上升到稳定运行的过程。要使电动机启动，只要将电动机接到三相交流电源即可实现。对于小容量电动机，固然可以这样做，但对于容量较大的电动机这样做往往是不行的。因为电动机直接在额定电压上启动，其启动电流通常为额定电流的 5～7 倍。所以较大容量电动机直接启动时，启动电流极大。过大的启动电流会引起线路上很大的电压降，造成电网电压瞬间的波动，势必影响其他用电设备的正常运行。而对电动机本身来说也是不利的，会造成电动机过热。同时，过大的启动电流产生过大的启动转矩，会造成被转动的机械部件产生猛烈的冲击。为了克服由于过大的启动电流而引起的上述不良后果，在实际应用中，对于较大容量的电动机，必须设法限制其启动电流。电动机的启动方法可分为全压启动（直接启动）和减压启动两大类。

（1）全压启动（直接启动）控制

启动时，通过开关（如胶木刀开关、负荷开关、组合开关、空气断路器和接触器等）将额定电压直接加在电动机的定子绕组上。这种启动方法的优点是所需电气设备少，线路简单，启动转矩大；缺点是启动电流大。

（2）减压启动控制

当电动机不允许全电压启动时，必须采用减压启动。所谓减压启动，就是在启动时，加到电动机定子绕组上的电压低于电动机的额定电压，电动机在降低了的电压下启动。其目的是降低启动电流，等到电动机转速上升后，再将电动机定子绕组上的电压恢复为额定值。但必须注意电动机在减压启动时，其启动转矩也同时也会降低。当然采用不同的减压方法，其启动转矩降低层次也不一样。

（3）绕线式异步电动机的启动控制

绕线式异步电动机在启动时，通常是不采用减压启动方法来降低其启动电流的，而是采用下列两种启动方法。

1）绕线式异步电动机转子回路中串电阻启动

绕线式异步电动机启动时可以在转子回路串入电阻方法来实现。当转子回路中串电阻后能降低启动电流，同时又可增大其启动转矩，所以绕线式异步电动机

就不采用降低定子绕组电压方法来降低启动电流。随着转子转速的逐渐升高，逐步切除转子回路的电阻直至将转子上三相滑环短接，达到正常运行状态。

绕线式异步电动机转子回路串电阻启动的不足之处是转子回路中要用一只凸轮控制器及多个电阻，使用不方便，电阻上又要消耗大量电能，所以效率较低。

2）绕线式异步电动机转子回路中串频敏变阻器启动

绕线式异步电动机启动又可以采用在转子回路中串入频敏变阻器的方法来启动。频敏变阻器是一种等效阻抗随电源频率而改变的静止电器。电动机在启动时，转子回路中感应电流的频率为 50Hz，所以频敏变阻器的等效阻抗最高，随着转子转速的上升，转子上感应电流频率逐渐下降，频敏变阻器等效阻抗也逐渐减小，在接近正常运行时，转子感应电流频率降到 1～3Hz，所以频敏变阻器等效阻抗为最小。绕线式异步电动机转子回路中串入频敏变阻器能随着转子转速自动改变其阻抗，所以能使电动机平滑地启动。

（4）三相异步电动机的正反转

某些生产机械，如卷帘门要求门能够向上或向下运动，这就需要拖动的电动机能正、反两个方向旋转。

实现电动机的正、反转，只要将通入电动机定子绕组中的相电源，任意交换两相，就可以使电动机反转。从这个原理出发，常用以下几种控制方法。

1）用倒顺开关来控制电动机正、反转电路

用倒顺开关可以使电动机实现正、反转动，但该控制方法只能用于功率较小的三相笼形异步电动机的控制（一般不超过 7.5kW），否则触点易被电弧烧坏。倒顺开关有 3 个操作位置，即顺转、停止和倒转（见图 2-30）。从图 2-30 中可以看出，倒顺开关置于顺转和倒转位置时，对电动机 M 来说差别是电源的相序得到了改变，从而改变了电动机的转向。

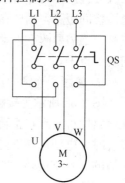

图 2-30　倒顺开关正反转控制电路

应该注意的是当电动机处于正转（开关置于顺转位置）状态时，要使它反转，应先把手柄扳到"停"位置，使电动机先停转，而后再把手柄扳到"倒"位置，使它反转。不要不停顿地将手柄由"顺"直接扳至"倒"的位置。因为电源突然反接，会使电动机定子绕组中产生很大的电流，容易使电动机定子绕组因过热而损坏。

2）用接触器来实现电动机正、反转控制

当电动机功率较大时，可利用接触器来实现正、反转。在正、反转控制电路中，采用两只接触器，在其各三对主触点的相互连接中，将其中两对主触点互相反接。当一只接触器吸合对电动机按某方向转动，当另一只接触器吸合时，电动机应相序变动而反转，这样两只接触器就能使电动机实现正、反转。但是，如果两只接触器同时吸合，就会造成电源短路，这是绝对不允许的。所以在控制回路中，要有防止两只接触器可能同时吸合的措施。按采用措施的不同，接触器正、反转控制电路有以下 3 种。

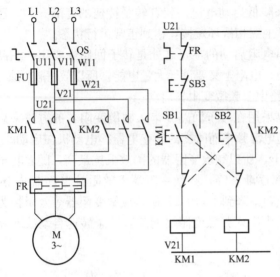

图 2-31 按钮连锁的接触器正、反转控制电路

① 按钮连锁的接触器正、反转控制电路

图 2-31 所示的是利用按钮连锁来实现正、反转的电路。在图 2-31 中可看出，把正转按钮 SB1 的常闭触点串在反转控制电路中，把反转按钮 SB2 的常闭触点串在正转的控制电路中。当电动机在正向启动时，先把反转控制电路切断，保证只有正转电路才能接通；同理，在反向启动时，先把正转控制电路切断，从而实现了连锁的目的。利用按钮的常闭触点实行连锁的正、反转控制电路，其特点是操作方便，但不可靠。如当正转接触器 KM1 发生故障时，如主触点熔焊或铁心有剩磁，即使其线圈断电，主触点可能并没有分开。此时，若按下反转按钮 SB2，接触器 KM2 仍可能吸合，这样就造成了电源相间短路。因此在经常需要正、反转的场合不宜采用这种电路。该电路的优点是：当需要改变电动机的转向时，不必先按停止按钮 SB3，只要直接按反转按钮就可以了。

② 接触器连锁的正、反转控制电路

图 2-32 所示为接触器连锁的正、反转控制电路，是利用接触点来实现连锁。在电路中可看到在正转控制电路中串入了反转接触器的常闭触点。当反转接触器吸合时，电动机在反向运转，若此时，即使按下正转按钮 SB1，正转电路是不会接通的。若要正转，必须先按停止按钮 SB3，使反转接触器 KM2 断电并且复位，此时再按正转按钮 SB1，才能使正转接触器吸合，电动机才能改为正转运行。电路中只要有一只接触器不断开复位，另一只接触器就绝对不会吸合，所以采用接触器连锁的正、反转控制电路是绝对可靠。但使用起来不及按钮电路来得方便，就是从正转到反转必须先按停按钮，然后才能按下反转按钮。

③ 双重连锁的正、反转

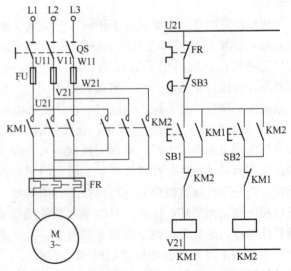

图 2-32 接触器连锁的正、反转控制电路

控制电路

从图 2-33 中可以看出，双重连锁的正、反转控制电路不仅在按钮中设立了连锁，同时又设置了接触器连锁，所以此电路集中了前两种电路的优点，既能从正向运转较直接地变换到反向运转，又保证可靠，所以这种电路在实际应用中使用得最为广泛。

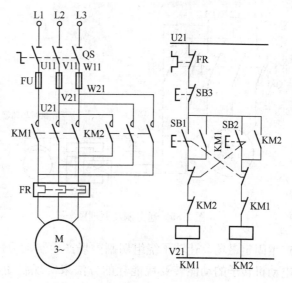

图 2-33 双重连锁的正、反转控制电路

（5）异步电动机的制动

要使运行中的电动机立即停转就可以采用制动的方法。制动就是给电动机一个与转动方向相反的转矩，促使其很快地减速和停转。异步电动机按产生制动转矩方法的不同有机械制动和电气制动两种。

1）异步电动机的机械制动

机械制动是利用机械装置使电动机在切断电源后迅速停转。按电路接法不同有以下两种。

① 断电制动。断电制动是利用电磁拖闸装置进行制动。在电磁铁线圈通电时，铁心闭合，制动闸瓦松开，电动机可以自由转动。当电磁铁线圈一旦断电，在制动器返回弹簧的作用下，闸瓦把电动机的轴紧紧抱住，实现制动，因此称为断电制动（见图 2-34）。这种装置常用在起重和运输机械上。

② 通电制动。通电制动是利用电磁制动离合器装置达到制动的目的。当离合器线圈未通电时，电动机轴可以自由转动，一旦线圈通电，产生电磁力把摩擦片紧紧吸合住，使电动机的轴停止转动，所以称为通电制动（见图 2-35）。这种装置一般用在机床传动装置中。

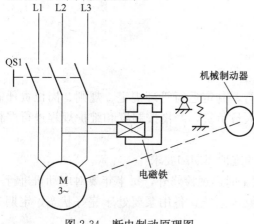

图 2-34 断电制动原理图

2）异步电动机的电气制动

异步电动机的电气制动是依靠转动的电动机产生与转动方向相反的制动力矩，从而使电动机迅速停转。常用的电气制动方法有两种：反接制动和能耗制动。

① 反接制动。反接制动是通过改变电动机定子绕组中的电源相序，而使定子绕组的旋转磁场反向，转子便受到与原旋转方向相反的制动力矩而迅速停转。如图 2-36

49

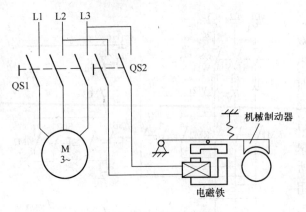

图 2-35　通电制动原理图

所示为反接制动电气原理图。其中 R 是限流电阻，KM2 是制动接触器。为了防止在反接制动时，电动机反向启动，所以在电路中要采用速度继电器对制动接触器 KM2 实现自动控制，达到正确停止的目的。

② 能耗制动。能耗制动就是在脱离交流电源的电动机定子绕组中，通入直流电，产生固定磁场，让转子绕组切割磁场产生制动力矩使电动机迅速停转（这种利用电动机转子的动能转变成能耗的方法来实现制动，称为能耗制动）。如图 2-37 所示为能耗制动电气原理图。在图 2-37 中 QS1 是电动机工作开关，QS2 是能耗制动控制开关，在断开 QS1 后合上 QS2 就能实现能耗制动。

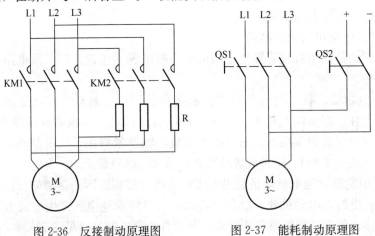

图 2-36　反接制动原理图　　　　图 2-37　能耗制动原理图

2.3.3　动力设备的故障排除

1. 电动设备的维护要求

（1）设备的全员与全面管理

设备的管理要由专业管理人员进行，制定运行管理规定、规则、岗位责任制等一系列制度。每台设备由专业维修人员负责，严格按制度和维护规程进行严格管理。

（2）水泵、消防泵、风机等设备的维护周期和要求

1）供水系统的水泵工作频繁，除平时巡视检修外，每半年要对电动机进行一次小修，一年进行一次大修。有备用泵的系统，备用泵要处于完好状态，定期交替运行。

2）消防泵和风机属长期备用设备，也要加强维护，使设备始终处于完好状态。对此应保证每年至少进行两次检修和试运行，检修期一般安排在"五·一"和"十·一"前为宜。大修周期可适当延长。

3）电动机的小修是指按时填充轴承润滑油、清除外部灰尘和油垢，紧固各部位螺钉（栓），紧固保护线及接线端，检测绝缘电阻等项目。同时，检查和清扫启动装置和控制设备。

4）电动机大修除应包括小修的全部项目外，还要解体检修，清除电动机定子和转子内的油垢，检查转子有无断排，检查和检测定子绕组的绝缘部分，清洗轴承，检查并填充润滑油脂等。电动机重新组装后应刷防锈漆。

（3）定期的检修调整

对电动机的自动控制系统每年要进行多次全面检修、调整及试验。尤其对保护装置、启动装置及连锁装置要认真检修和调试。采用接地保护的设备要检测接地电阻值。

（4）完善的档案管理

每次检修、小修、大修后应将有关检测记录整理存档，妥善保存。

2. 电动设备的常见故障

（1）上水电泵自动控制失效

上水电泵的自动控制形式很多，有电接点压力表式、干簧管式、湿簧管式、浮球液位控制式、自制行程开关式、自制电门式等。

1）电接点压力表式自动控制装置的故障

电接点压力表式自动控制装置是通过屋面水箱或水塔的浮球阀门互相遥控实现的。在电泵上水过程中，通过高层水箱的水位不断升高和浮球阀门的不断关闭，压力表所带动的电接点表针不断上升，最后使表针碰在上限停止接点上。通过中间继电器的瞬动以切断交流接触器，电动机停止运转。

启动时由于高层水箱的水位不断下降，设在低处的供水管道压力表针也随之下移，最后促使电接点表针碰在下限电接点上，通过中间继电器和时间继电器操纵交流接触器，导通电泵转动上水。

这种设备的失效故障，除电源的原因外，如高层水箱浮球阀门松脱损坏或卡阻，接触器主触头烧毁或污垢较多接触不良等，也能导致启动控制失灵。

2）簧管式自动控制装置的故障

簧管式自动控制的故障，除电气设施发生故障外，在寒冷地区往往是因簧管冻碎而造成的。如屋面贮水箱没有取暖设施，冬季水箱容易结冰，造成自动控制失灵或将其塑料、玻璃管等零部件冻碎。

3）浮球液位控制器的故障

浮球液位控制器利用放在液面的浮球和重锤，通过高层水箱水位的升降，以尼龙绳和整块带动电接点的开闭，实现操纵电泵启动或停止的功能。这种控制器不宜装在拉筋式水箱内。电接点的支撑拉簧有时会因动作不灵敏或出现卡阻而发生故障。

4）自制行程开关式控制装置的故障

自制行程开关式控制装置是通过浮球和金属杆随着水位的升降去撞击触点进行操作的。如浮球卡阻或行程开关损坏，就会产生失效故障。因此，若装在附有拉筋的钢板水箱里，其浮球要避开拉筋以防卡阻。选用的行程开关应坚固耐用，体积应较大。

5）滑杆式自动控制装置的故障

滑杆式自动控制装置是利用启动钮和停止钮控制滑轮带动金属浮球，故障较少，使用耐久，不易损坏。

（2）电动机的烧损

房屋附属的动力设备，一般都采用三相异步笼式电动机，如使用和保养不当，易发生烧损事故。常见的烧损情况可归纳为以下几类。

1）缺相烧损

三相电动机的三相电源，如在电动机启动前缺相时，则带动负荷的电动机就不能启动。但如在运行中一旦缺相，且不能及时发现并立即停止运转，在 $1\sim2min$ 内就会使电动机绕组出现过热而烧损。造成缺相的常见原因有以下几种。

① 电源变压器二次熔丝熔断一根。

② 外电路断线或电线接头接触不良。

③ 三相开关的熔丝熔断一根。

④ 磁力启动器的动作触点烧损，或因过热致使触头压力弹簧片变质无弹性，造成时断时续的接触不良。

⑤ 配电柜或操纵台上导体的紧固螺钉松动，出现火花，产生接触不良现象。

⑥ 埋入地下电线管内的绝缘电线，因管内存水长期浸泡造成电线的绝缘不良，或者有接地漏电现象，致使熔丝熔断一根。

2）机具故障引起电动机的烧损

机具故障引起的电动机烧损常见有以下几种情况。

① 水泵泵轮的反扣紧固螺帽出现松脱现象造成泵轮与泵壳发生摩擦，或者泵轮吸进杂物而发生卡阻等，都可使电动机过载而烧损。

② 风机的叶片与外壳发生摩擦或进入异物，出现卡阻现象，也会使电动机过载而烧损。

③ 电动机的滚动轴承损坏致使转子与定子发生扫镗现象，造成定子绕组过热而烧损。

④ 因拖动的机具轴承损坏，使荷载增加，造成电动机过负荷而烧损。

3）水淹造成的烧损

装在地下室的自动控制电动机因遭水淹而易将电动机烧损，常见有以下几种情况。

① 因浮球阀门的损坏造成地下贮水箱跑水而淹没电泵，将自动控制的上水泵电动机烧损。

② 因钢板制作的地下贮水箱内设有拉筋，浮球阀门的浮球时常出现卡阻现象，而跑水淹没电机，将自动控制上水泵电动机烧损。

③ 因雨水或污水灌进地下室，将电泵淹没而烧损电动机。

4）其他烧损情况

其他烧损主要有以下两种情况。

① 因电源电压偏低造成三相电动机烧损。电压偏低的原因有：变压器一次熔丝熔断一根或高压外电压电路损断一根等。

② 短时间内的频繁启动将三相电动机烧损。如风机和较大型水泵只能一次启动，且启动时间不宜超过1min。若在短时间内频繁启动或启动操作时间过长都会加速绕组绝缘部分老化，缩短电动机的使用寿命。

3. 电力配电柜（盘）的常见故障、缺陷及其原因

电动设备应配置专用的电力配电柜（盘），电力配电柜（盘）也需日常维护和检修。

（1）电力配电柜（盘）常见故障与原因

1）配电盘或配电柜上以焊锡焊接的铜线端子，在负荷较大时有熔化现象。其主要原因是由于焊接时导线或线端子内部没有彻底清除干净，造成假焊。或者导线插入的深度不够，每当负荷较大时就过热，将焊锡熔化，以致出现时断时续现象。

2）盘、柜或操纵台的操作零部件经长时间的使用，其紧固零件出现松弛现象，造成漏电或动作卡阻。

3）塞式（螺旋式）熔断器在盘、柜、台上发生故障的主要原因有如下两种：

① 新生产的塞式熔断器的导体部分采用铝制品，而铝的熔点低，易被氧化腐蚀。

② 塞式熔断器的熔丝不易压紧，容易产生过热而熔断熔丝或烧毁熔断器。

4）在盘、柜、台上较大容量的三相开关，多选用管式熔断器。这种熔断器的两端闸刀与刀座的夹片不严紧或不吻合。当负荷较大时，产生过热，致使导体变质松动，出现火花，或顶端脱落歪倒，造成短路或漏电。出现这种现象主要是由于更换熔丝时，管式熔断器两端的刀片与刀座不严紧、不密贴。

5）三相配电盘、柜、台出现缺相现象。除由于电源变压器二次熔丝熔断或外电线路断线而造成缺相外，还有以下三个方面的原因。

① 三相电动机的启动电流大。每当启动或停止的一瞬间，磁力启动器的动触点都要产生火花，日久使触点熔化起毛，动触点过热，触点压力弹簧片变质，弹性降低，接触不良，从而出现缺相现象。

② 动触点过热，使传动支撑电木烧焦变形；产生动作迟缓现象，致使磁力启动器在动作接触中出现三相不平衡而产生缺相。

③ 操作电闸的三根熔丝容量大小不一，垫圈不全，启动电流较大时，产生过热而熔断其中一根熔丝，造成缺相。

6）配电柜、盘或操纵台的导线和操纵动作部位过热。其主要原因是：烟尘窜入动作接触部位，造成触点产生火花和可动部分出现卡阻、过热等现象。

（2）预防措施和维护要点

1）三相四线式的进户开关应安设在靠近电源进户口处。所有的操作开关、接触器、磁力启动器、按钮、仪表、启动补偿器等应保持零件齐全、清洁无垢、操作灵活、运行正常。当位于烟尘较严重的处所时，上述设备须装在箱内。配电箱、配电柜、操纵台的门、玻璃等应装配齐全，保持完好，平时关严。箱、柜内不得存放其他异物。

2）配电箱（盘）、柜、台应安设在不潮湿、不过热、不受振、无腐蚀、少尘埃、不碍交通、便于抄表、便于维修作业的场所。

3）对具有酸、碱、盐类等侵蚀性气体的房屋，配电箱应改换用硬质塑料板制成。若选用铁板制作时，须暗敷在墙内，其外露部分应涂刷环氧树脂以防气体腐蚀。

较大型的配电柜（盘）、箱、台应设在专用房间内，并设专人管理，房间应安装适当的通风设施。

4）三相电力用开关的熔丝应根据实际需要选用。较大容量的照明或动力用电处所应设空气开关作为短路保护。

5）为防止三相电动机因缺相烧损，每台电动机应装设断相自动控制保护器。也可增设并列熔开关，其熔丝应按额定容量选择。每当电动机启动后须将启动用熔开关拉开，在电动机运行中只保留额定容量熔开关，以防止因缺相或意外过载而烧损电动机。

6）对于配电箱（盘）、箱、台上一切导电体的接触点及连接导线的紧固螺栓等应加强巡检维护工作。应保持裸露部分的导电体不能有过热、产生火花、变质或接触松弛现象。

过程 2.4 物业供配电的巡检

2.4.1 供配电及变配电室主要电气设备的认知

1. 电力系统和电力网

一切用电的部门，如果没有自备发电机，则都是由电力系统供电的。由于发电厂往往距负荷中心较远，从发电厂到用户只有通过输电线路和变电所等中间环节，才能把电力输送给用户。同时，为了提高供电的可靠性和实现经济运行，常将许多的发电厂和电力网连接在一起并联运行。由发电厂、电力网（输电、变电、配电）和用户组成的统一整体称为电力系统。

（1）电力系统和电力网

图 2-38 所示，电力系统是由发电、输电和配电系统组成。

电力系统是把各类型发电厂、变电所和用户连接起来组成的一个发电、输电、变电、配电和用户的整体，其主要目的是把发电厂的电力供给用户使用。因

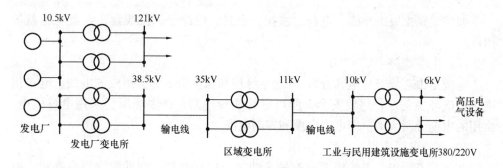

图 2-38　电力系统示意图

此，电力系统又常称为输配电系统或供电系统。

　　输、配电线路和变电所，即连接发电厂和用户的中间环节，是电力系统的一部分，称为电力网。电力网常分为输电网和配电网两大部分。由 35kV 及以上的输电线路和与其相连接的变电所组成的网络称为输电网。输电网的作用是将电力输送到各个地区或直接输送给大型用户，35kV 以下的直接供电给用户的线路称为配电网或配电线路。用户电压如果是 380/220V，则称为低压配电线路。把电压降为 380/220V 的用户变压器称为用户配电变压器。如果用户是高压电气设备，这时的供电线路称为高压配电线路，连接用户配电变压器及其前级变电所的线路称为高压配电线路。

　　以上所指的低压，是指 1kV 以下的电压。1kV 及以上的电压称为高压。一般还把 3、6、10kV 等级的电压称为配电电压，把高压变为这些等级的降压变压器称为配电变压器；接在 35kV 及其以上电压等级的变压器称为主变压器。因此，配电网是由 10kV 及以下的配电线路和配电变压器所组成的，它的作用是将电力分配到各类用户。

　　（2）电力网的电压等级

　　电力网的电压等级是比较多的，不同的电压等级有不同的作用。从输电的角度看，电压越高则输送的距离就越远，传输的容量越大，电能的损耗就越小；但电压越高，要求的绝缘水平也越高，因而造价也越高。目前，我国电力网的电压等级主要有 0.22、0.38、3、6、10、35、110 和 220kV 等多个等级。

　　（3）频率标准

　　我国电网的频率标准是 50Hz，频率变化会对电网的运行质量产生较大影响，因此，根据《全国供用电规则》频率的偏差不得超过 ±0.5Hz

　　2. 线路的敷设

　　电缆、电线的敷设应根据建筑的功能、室内装饰的要求和使用环境等因素，经技术、经济比较后确定，特别是按环境条件确定导线的型号及敷设方式。

　　（1）架空线路

　　室外电缆、电线架空敷设线路的优点是设备材料简单，成本低，维修方便；其缺点是容易发生故障，容易受外界环境的影响，如气温、风速、雨雪等机械损伤，供电可靠性较差。

架空线路主要由导线、电杆、横担、金具、绝缘子、拉线盘、卡盘及底盘等组成。

（2）电缆线路

电缆是由芯线（导电部分），外加绝缘层和保护层 3 部分组成的电线。电缆供电不影响环境美观，比较安全，所以尽管造价较高，许多场所仍采用电缆供电。常用的电缆分两大类，即电力电缆和控制电缆。

1）室外电缆敷设

在建筑工程中，电缆施工应用最多的是直埋地敷设，埋地敷设可在排管、电缆沟、电缆隧道内敷设，也可直接埋地敷设。

2）室内电缆敷设

室内电缆通常采用金属托架或金属托盘明设。在有腐蚀性介质的房屋内明敷的电缆宜采用塑料护套电缆。无铠装电缆在室内明敷时，水平敷设的电缆离地面的距离不应小于 2.5m；垂直敷设电缆离地面的距离小于 1.8m 时应有防止机械损伤的措施，但在配电室内明敷时例外。

相同电压的电缆并列明敷时，电缆间的净距不应小于 35mm，并且不应小于电缆外径。但在线槽、桥架内敷设时除外。电缆在室内埋地敷设、穿墙或楼板时，应穿管或采取其他保护措施，其管内径应不小于电缆外径的 1.5 倍。

低压电缆由配电室引出后，一般沿电缆隧道、电缆沟、金属托架或金属托盘进入电缆竖井，然后沿支架垂直上升敷设，因此，配电室应尽量布置在电缆竖井附近，尽量减小电缆的敷设长度。

（3）绝缘导线的敷设

绝缘导线的敷设方式可分为明敷和暗敷。

1）导线明敷

导线明敷就是把导线沿建筑物的墙壁、顶棚的表面及桁架等处外表面敷设，导线裸露在外。这种敷设方式的优点是工程造价低，施工简便，维修容易。缺点是由于导线裸露在外，容易受到有害气体的腐蚀，受到机械损伤时易发生事故，同时不够美观。

2）导线暗敷

导线暗敷就是将导线装在管子、线槽等保护体内，敷设在墙壁、顶棚、地坪及楼板等内部。这种敷设的优点是不影响建筑物的美观，防潮，防止导线受到有害气体的腐蚀和意外的机械损伤。但是它的安装费用较高。管子埋在墙内，在使用过程中检修比较困难，所以对安装过程要求比较严格。导线穿管敷设时应注意以下几点。

① 钢管弯曲半径不得小于该管径的 6 倍，钢管弯曲角度不得小于 90°。

② 管内所穿导线的总面积不能超过管内截面的 40 倍，管内导线的数目不能超过 8 根。

③ 管内导线不允许出现接头和扭拧现象，所有导线的接头和分支都应在接线盒内进行。

④ 不同回路和不同电压的导线除特殊情况外不应穿在同一根管内。

⑤ 塑料管布线一般适用于室内和有酸碱腐蚀性介质的场所，但在宜受机械损伤的场所不宜明敷。

3. 低压配电

低压配电方式是指低压干线的配线方式。低压配电一般采用 380/220V 中性点直接接地的系统。低压配电的接线方式主要有放射式、树干式和混合式 3 种。

（1）放射式接线

放射式接线是一独立负荷或一集中负荷由一单独的配电线供电的方式。放射式接线适合于配电柜在各个大容量的负荷中心、供电可靠性高的场所。其优点是各个独立负荷由配电柜供电，如某一用电设备或其供电线路发生故障时，则故障的范围仅限于本回路，对其他设备没有什么影响。线路发生故障需要检修时，只切断检修回路而不影响其他回路的正常工作。而缺点是所需要的开关和线路较多，电能的损耗较大，建设费用较高。

（2）树干式接线

树干式接线是一独立负荷或一集中负荷按它所处的位置依次连接到某一条配电干线上的供电方式。树干式供电主要用于负荷集中且均匀分布、容量不大、又无特殊要求的场所。其优点是节约有色金属和系统灵活性好。但缺点是当干线发生故障时，在此干线供电的所有受电设备都被切除，可靠性差。

（3）混合式接线

混合式接线是放射式接线和树干式接线的结合形式，一般用于楼层的配电。

4. 高层建筑供电

（1）高层建筑的负荷分级

一级负荷：消防用电设备，应急照明，消防电梯。

二级负荷：客用电梯，供水系统，公用照明。

三级负荷：居民用电等其他用电设备。

（2）高层建筑的供电要求

因为高层建筑存在着一级或二级负荷，所以现代高层建筑均是采用至少两路独立的 10kV 电源同时供电，目的是为了保证供电可靠性，具体数量应视负荷大小及当地电网条件而定。两路独立电源运行方式，原则上是两路同时供电，互为备用。另外，还须装设应急备用柴油发电机组，要求在 15s 内自动恢复供电，保证事故照明、计算机设备、消防设备、电梯等设备的事故用电。

（3）高层建筑常用的供电方案

高层建筑常用的供电方案如图 2-39 所示。在电气制图中电路基本采用单线的画法，图中用单线代表三相交流供电系统的主接线图。

图 2-39（a）所示为两路高压电源，为"一用一备"方式，即当正常工作电源发生事故停电时，另一路备用电源自动投入。主要用于供电可靠性相对较低的高层建筑中。

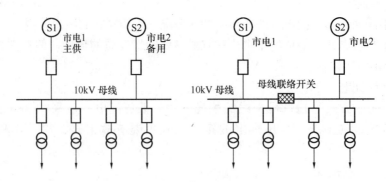

图 2-39　常用高层建筑供电系统方案
（a）"一用一备"供电方式；（b）双电源同时供电方式

图 2-39（b）所示为两路电源同时供电方式，当其中一路故障时，由母线联络开关对故障回路供电。主要用于高级宾馆和大型办公楼宇。

我国目前最常用的主接线方式如图 2-40 所示，采用两路 10kV 独立电源，变压器低压侧采取单母线分段的方式。

对于规模较小的高层建筑，由于用电量不大，当地获得两个电源比较困难，附近又有 400V 的备用电源时，可采用一路 10kV 电源作为主电源，400V 电源作为备用电源的方式，如图 2-41 所示。这种接线方式适用于一般高层住宅。

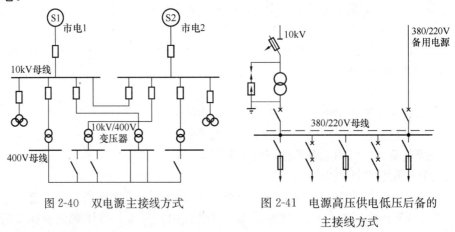

图 2-40　双电源主接线方式　　　图 2-41　电源高压供电低压后备的
　　　　　　　　　　　　　　　　　　　　　　主接线方式

2.4.2　变配电室的维护与检修

1. 建筑供配电系统的管理

（1）配备专业的管理人员

经有关部门验收合格后的供配电设备接收后，应根据管理供配电设备的种类和数量分别配备专业技术人员进行管理。

（2）建立供电设备档案

住宅区或高层楼宇以每幢楼为单位收集和整理有关技术资料，建立和健全供配电设备的档案。档案内容主要包括各类的图纸、数据、记录和报告等。

（3）明确供电系统的产权分界

供电系统产权分界的目的是分清供电系统维护的范围和事故的责任，维护管理与产权分界规定如下。

1）低压供电，以供电接户线的最后（第一）支持物为分界点，支持物属供电局。

2）10kV及以下高压供电，以用户墙界外或配电室前的第一断路器或进线套管为分界点，第一断路器或进线套管的维护责任由双方协商确定。

3）25kV及以上高压供电，以用户墙界或用户变电站外第一根基电杆为分界点，第一根基电杆属供电局。

4）若采用电缆供电，本着便于维护管理的原则，由供电局与用户协商确定。

5）产权属于用户的线路，以分支点或以供电局变电所外第一根基电杆为分界点，第一根基电杆维护管理责任由双方协商确定。

（4）供电系统管理

为了使供电系统能安全、可靠地运行，在日常管理过程中应强制执行相关规定。

1）负责供电运行和维修的人员必须持证上岗，并配备专业人员。

2）建立严格的配送电运行制度和电气维修制度，加强日常维护检修。

3）建立24h值班制度，做到发现故障，及时排除。

4）保证公共使用的照明灯、指示灯、显示灯和园艺灯的良好状态，电气电路符合设计、施工技术要求，电路负荷要满足业主需要，确保变配电设备安全运行。

5）停电、限电提前贴出告示，以免造成经济损失和意外事故。

6）对临时施工工程及住户装修要有用电管理措施。

7）对电表安装、抄表、用电计量及公共用电进行合理分配。

8）发生特殊情况，如火灾、地震和水灾时，要及时切断电源。

9）禁止乱拉接供电线路，严禁超载用电，如确需要，必须取得主管人员的书面同意。

10）建立各类供电设备档案，如设备信息卡等。

（5）供电设备运行中的巡视管理

供电设备运行中的巡视管理是根据公司工程部制定的运行巡视管理规范，由值班人员定期对设备设施进行巡视、检查。

1）运行巡视制度主要考虑巡视的间隔次数并按规定填写《运行巡视记录表》。

2）运行巡视的内容包括变配电室巡视和线路巡视，在巡视过程中发现问题和故障应及时进行处理。

3）在巡视中发现问题时应考虑个人的能力，处理问题时应严格遵守物业管理公司制定的《供配电设备设施安全操作标准作业规程》和《供配电设备设施维护保养标准》的规定。

（6）发电机房管理

发电机房应根据相关的规程严格管理，柴油机组操作人员必须熟悉设备，严格按照规程操作。

（7）配电房管理

配电房是安装配电设备设施的建筑，如设备出现事故，后果十分严重，因此配电房中的全部机电设备，由机电班负责管理和值班，停送电由值班电工操作，非值班电工禁止操作，无关人员禁止进入配电室，非管理人员须办理书面许可才能进入。配电房的日常管理应严格执行相关规定。

（8）配电室交接班管理

配电室交接班管理要求如下。

1）接班人员应提前 10min 到达工作岗位，以便及时做好接班准备，了解设备运行情况，准确无误地做好接班手续。

2）接班人员生病、醉酒或精神不振者不得接班，值班人员缺勤时，应报告主管领导。

3）交接班双方事先做好准备，必须按照下列内容进行。

① 运行记录、事故记录及设施记录、主管部门的通知及运行图纸等材料应正确齐全。

② 工具、设备用具、仪器、消防设备及钥匙等应齐全完整，室内外应清洁。

③ 在交接班时发生事故或执行重大操作时，应由交班人员处理完毕后方可交接，接班人员要协助处理。

④ 以上手续办好之后，双方应在记录本上签字。

⑤ 双方签字之后，表示交接班手续已办妥，正式生效，未履行交接班手续的值班人员不同意离开工作岗位。

2. 建筑供配电系统的维护

建筑供配电系统维护，是指为保证物业建筑供配电系统的正常运行而对供配电设备设施的维护和供配电线路的维护。

（1）供配电设备设施的维护

供电设备的维护的目的是消除事故隐患，防止供电设备设施出现较大故障，供电设备设施的维护由值班电工负责实施。按照《机电设备管理条例》中的规定，定时对设备设施进行维护。

（2）配电线路的维护

供配电线路的维护包括架空线路维护和电缆线路维护。架空线路应进行经常的维护，其基本措施是巡视检查，发现问题及时处理。电缆线路维护一般要求维护人员应首先细致地了解电缆的走线方向、敷设方式及电缆头的位置等基本情况。架空线路维护和电缆线路维护应根据相应的巡视项目进行。巡视检查中发现的问题也应进行记载并及时报告处理。

（3）变配电设备的巡视（见表 2-2）

变配电设备巡视表

表 2-2

小区名称		日期		时间	检查人员
项目名		巡查项目		正常与否	检查情况
变配电	1	10kV 进线柜			
	2	变压器			
	3	0.4kV 配电柜			
	4	电器柜			
	5	安全用具			
	6	运行数据记录表			
	7	环境整洁及照明			
	8	进出登记交接班			
	9	劳防用品			
	10	其他			
水泵房	1	水泵本体			
	2	阀门及管道			
	3	控制柜			
	4	泵房污水泵			
	5	小区巡视记录			
	6	维修人员保养记录			
	7	环境整洁及照明			
	8	报警装置			
	9	其他			
小区管理人员巡视记录					
管理处经理签名确认					

电梯巡检

过程 3.1　电梯的巡查

3.1.1　电梯的认知

1. 概述

垂直升降电梯是服务于垂直地方的固定升降设备，由轿厢、门系统、导向系统、对重系统及机械安全保护系统等构成。

电梯在垂直运行过程中，有起点站也有终点站。对于 3 层以上建筑物内的电梯，起点站和终点站之间还设有停靠站。设在 1 楼的起点站常称为基站。起点站和终点站称两端站，两端站之间的停靠站称中间层站。

各层站的层外设有召唤箱，箱上设置人员召唤电梯用的召唤按钮或触钮。一般电梯在两端站的召唤箱上各设置一只按钮，中间层站的召唤箱上各设置两只按钮用于上下行。而电梯（杂物电梯除外）的轿厢内部设置有操纵箱，操纵箱上各设置有手柄开关或与层站对应的按钮，供司机或乘用人员控制电梯上下运行。召唤箱上的按钮称层外指令按钮，操纵箱上的按钮称轿厢内指令按钮。层外指令按钮发出的层显示信号称层外指令按钮信号。轿厢内指令按钮发出的显示信号称轿内指令信号。

作为电梯基站的厅外召唤箱，除设置一只召唤按钮外，还设置一只钥匙开关，以便上下班开启或关闭电梯使用。司机或管理人员把电梯开到基站后，可以通过专用钥匙拨动该钥匙开关，把电梯的层轿门关闭妥当。

2. 电梯的基本分类

（1）按用途分类

1）乘客电梯

乘客电梯是为送乘客而设计的电梯，必须要有十分安全可靠的安全装置。乘客电梯的基本功能为关门保护、轿厢位置自动显示、自动平层、自动开关门、超速保护、超载报警、超载停止、轿内应急照明、运行次数自动记录、满载直驶、断错相自动保护、顺向截梯反向记忆、轿外指令登记、轿厢无人照明及风扇自动关闭等。

2）载货电梯

载货电梯主要是为运送货物，通常有人伴随的电梯，有必要的安全保护装置。载货电梯的基本功能是轿厢位置自动显示、超速保护、轿内应急照明、运行次数自动记录、断错相自动保护、轿内外指令登记、轿厢警铃。

3）客货梯

客货梯主要用作运送乘客，但也可以运送货物的电梯。它与乘客电梯的区别在于轿厢内部装饰结构和使用场合不同。

4）病床电梯

病床电梯是为运送医院病人及其病床而设计的电梯，其轿厢具有相对窄而长的特点。

5）杂物电梯

杂物电梯是供图书馆、办公楼运送图书、文件，饭店运送食品等，而设计的电梯绝不允许人员进入，为防止人员进入轿厢，轿厢内部尺寸必须小到人无法进入。

6）观光电梯

观光电梯的轿厢壁透明，是供乘客游览观光建筑物周围外景的电梯。

（2）其他分类

1）按驱动系统分类

① 交流电梯

交流电梯使用的曳引电动机是交流异步电动机。

② 直流电梯

直流电梯使用的曳引电动机是电梯专用的直流电动机。

2）按曳引机有无减速箱分类

① 有齿轮电梯

有齿轮电梯曳引轮的转速与电动机的转速不相等（电动机转速大于曳引轮转速），中间有蜗杆蜗轮减速箱或齿轮减速箱（行星齿轮、斜齿轮），一般使用在电梯额定速度小于或等于2m/s的场合。

② 无齿轮电梯

无齿轮电梯曳引轮的转速与电动机转速相等，要求电动机具有低转速、大转矩特征。

3. 电梯基本结构

电梯的基本结构如图3-1所示。电梯结构中的机械装置通常有轿厢、门系统、导向系统、对重系统及机械安全保护系统等。

（1）轿厢

轿厢是电梯主要设备之一。在曳引钢丝绳的牵引作用下，沿敷设在电梯井道

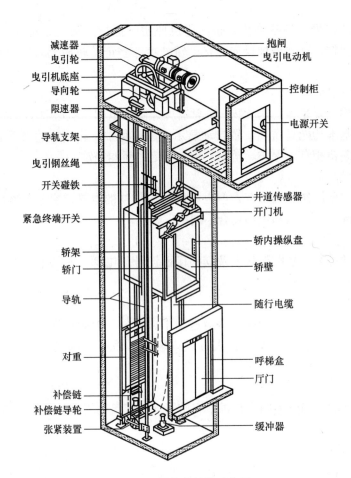

图 3-1 电梯基本结构示意图

中的导轨，作垂直上、下的快速、平稳运行。

轿厢是乘客或货物的载体，由轿厢架及轿厢体构成。轿厢上、下装有导靴，滑行或滚动导轨上。轿厢体由厢顶、厢壁、厢底及轿厢门组成。

轿厢门供乘客或服务人员进出轿厢使用，门上装有连锁触头，只有当门扇密闭时，才允许电梯启动；而当门扇开启时，运动中的轿厢便立即停止，起到了电梯运行中的安全保护作用。门上还装有安全触板，若有人或物品碰到安全触板，依靠连锁触点作用使门自动停止关闭并迅速开启。

（2）门系统

门系统是由电梯门（厅门和轿门）、自动开门机、门锁、层门联动机构及门安全装置等构成。

电梯门由门扇、门套、门滑轮、门导轨架等组成。轿厢门由门滑轮悬挂在厢门导轨架上，下部通过门靴与厢门地坎配合；厅门由门滑轮悬挂在门导轨架上，下部通过门滑块与厅门地坎配合。

电梯门类型可分为中分式、旁开式及闸门式等。

电梯门的作用是打开或关闭电梯轿厢与厅站（层站）的出入口。

电梯门（前门和后门）的开启与关闭是由自动开门机实现的。自动开门机是由小功率的直流电动机或三相交流电动机带动的具有快速、平稳开、关门特性的机构。根据开、关门方式的不同，开门机又分为两扇中分式、两扇旁开式及交栅式。现以两扇中分式自动开门机为例，说明自动开门机结构。图 3-2 表示了两扇中分式自动开门机的结构。

自动开门机的驱动电动机依靠 V 带驱动开、关门机构，形成两级变速传动，其中驱动轮（曲柄轮）是二级传动轮。若曲柄轮逆时针转动 180°，左右开门杠杆同时推动左、右门扇，完成一次开门行程；当曲柄轮顺时针转动 180°，左右开门杠杆则使左、右门扇同时合拢，完成一次关门行程。

电梯门开、闭时的速度变化可根据使用者的要求设定，只要适当控制驱动电动机（交流或直流），便可以实现满意的开、关门过程。

门锁也是电梯门系统中的重要部件。门锁按其工作原理可分为撞击式门锁及非撞击式门锁。前者与装在厢门上的门刀配合使用，由门刀拨开门锁，使厅门与厢门同步开或闭。非撞击式门锁（位置型门锁）与压板机构配合使用，完成厅门与厢门的同步开、闭过程。

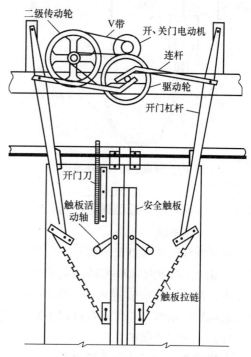

图 3-2　两扇中分式开门机的结构

（3）导向系统

电梯导向系统由导轨架、导轨及导靴等组成。导轨限定了轿厢与对重在井道中的相互位置，导轨架是导轨的支撑部件，它被固定在井道壁上，导靴被安装在轿厢和对重架两侧，其靴衬（或滚轮）与导轨工作面使轿厢与对重沿着导轨作上下运行。电梯导向系统机构如图 3-3 所示。

（4）曳引系统

曳引系统由曳引组、曳引轮、导向轮、曳引钢丝绳及反绳轮等组成。

曳引机组是电梯机房内的主要传动设备，由曳引电动机、制动器及减速器（无齿轮电梯无减速器）等组成，其作用是产生动力并负责传送。曳引电动机通常采用使用于电梯拖动的三相（交流）异步电动机。制动

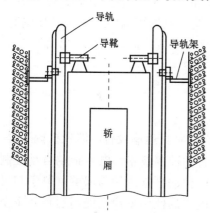

图 3-3　导向系统结构示意图

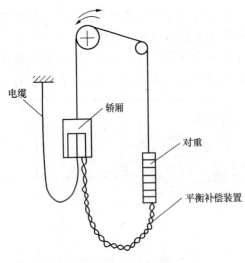

图 3-4　对重系统构成示意图

采用的是闭式电磁制动器，当电动机接通时松闸，而当电动机断开继电器，即电梯停止时抱闸制动。减速器通常采用蜗轮蜗杆减速器。

曳引轮是具有半圆形带切口绳槽轮，与钢丝绳之间的摩擦力（牵引力）带动轿厢与对重作垂直上下运行。

钢丝绳一方面连接轿厢与对重，同时与曳引轮之间产生摩擦牵引力。

导向轮安装在曳引机机架上或承重梁上，使轿厢与对重保持最佳相对位置。

反绳轮是指设置在轿厢顶和对重顶上的动滑轮及设置在曳引机上的定滑轮，曳引钢丝绳绕过反绳轮可构成不同曳引比的传动方式。

（5）对重系统

对重系统包括对重及平衡补偿装置。对重系统也称重量平衡系统，其构成如图 3-4 所示。对重起到平衡轿厢自重及载重的作用，从而可大大减轻曳引电动机的负担。而平衡补偿装置则是为电梯在整个运行中平衡变化时设置的补偿装置，使轿厢侧与对重侧在电梯运行过程中始终都保持相对平衡。

（6）机械安全保护系统

电梯安全保护系统分为机械系统和电气系统。机械系统中的典型机械装置有机械限速装置、缓冲装置及端站保护装置等。

限速装置由限速器与安全钳组成。限速器安装在电梯机房楼板上，在曳引机的一侧。安全钳则安装在轿厢上底梁两端。限速器的作用是限制电梯运行速度超过规定值。

缓冲装置安装在电梯井道的底坑内，位于轿厢和对重的正下方，可参见图3-1。当电梯上、下运行时，由于某种事故原因发生超越终端层站底层或顶层时，将由缓冲器起缓冲作用，以避免轿厢与对重直接冲顶或撞底，保护乘客和设备的安全。

3.1.2　电梯的巡查的过程

电梯是集机械、电气设备于一体，结构复杂的垂直运输设备，涉及机械工程、电子技术、电力电子技术、电机与拖动技术、自动控制技术、电力拖动自动控制技术及微型计算机技术等多门学科。因此，对电梯的日常维护与保养、科学与可行的管理措施、发生故障后的及时维修对延长电梯的使用寿命，提高运行效率至关重要。

1. 电梯的使用维护和管理

（1）电梯应配备专（兼）职的管理人员

使用部门接收了经安装测试合格的电梯后，在投入使用前首先要配备专（兼）职的管理人员，进行电梯运行前的管理工作，具体包括如下内容。

1）收齐控制电梯的各种钥匙。

2）根据本单位的具体情况，确定司机和维修人员的人选，并送到指定的单位培训，培训合格后上岗。

3）收集和整理电梯的有关技术资料。

4）收集并保管好电梯的备品、备件、附件和工具。

5）根据本单位的具体情况和条件，建立电梯管理、使用、维护保养和修理制度。

6）熟悉电梯技术资料，向有关人员了解电梯在安装、调试及验收时的情况；条件具备时可控制电梯作上下试运行多次，认真观察电梯的运行情况。

7）做必要的准备工作，而且条件具备后可交付使用，否则应暂时封存。

（2）电梯的交接班制度

1）主要是明确交接双方的责任，交接的内容、方式和应履行的手续。

2）交接班时，双方应在现场共同查看电梯的运行状况，清点工具、备件和机房内配置的消防器材，当面交接清楚，而不能以见面打招呼的方式进行交接。

3）明确交接前后的责任。在双方履行交接签字手续后又出现的问题，由接班人员负责处理。若正在交接时电梯出现故障，应由交班人员负责处理，但接班人员应积极配合；若接班人未能按时接班，在未征得领导同意前，待交班人员不得擅自离开岗位。

（3）电梯日常运行管理

电梯日常运行管理主要是电梯运行过程中的操作规范，包括运行前、后的安全检查、运行过程中要求和安全装置动作后的故障判断等。

（4）电梯值班检查

电梯值班检查是由有资格值班的巡视人员进行电梯巡视，排除安全隐患，主要包括以下内容。

1）电梯的值班巡视检查由小区电梯值班人员进行。

2）电梯值班人员需经市劳动局特种操作技能培训后，持证上岗。

3）电梯值班员需每天对所辖电梯进行巡视检查。

4）电梯的巡视检查后需认真填写《电梯值班巡视检查记录表》。

5）电梯值班人员将被困人员解救后，须填写《困人统计表》。

（5）电梯机房的管理

电梯机房的管理主要是日常使用管理，主要包括以下内容。

1）机房内照明应保持完好，线路整齐，无临时接线。

2）机房内应保持环境清洁，通风良好，门窗完好。

3）机房内应备有灭火器，放置在易取处。

4）机房钥匙由专人保管，任何无关人员不得进入机房。

5）严禁在机房内吸烟。

6）每日对机房内的设备进行一次检查，确保设备运行正常。

7）做好机房的记录（含检查记录和维修记录）。

8）在台风、暴雨来临之前，做好机房的防风、防雨准备，并在风雨过后，及时进行检查。

2. 电梯的日常维护和管理

电梯的日常维护与管理，一是靠制度保证，制度是行为规范，具有强制性；二是靠坚持维护管理技术标准。

（1）电梯运行检查

电梯运行使用寿命和故障率取决于平时对电梯维护保养的力度，对电梯运行中反映出的事故隐患，应及时停机进行检修。管理人员责任心要强，通过坚持日常运行的检查制度，随时注意电梯开启前、运行中和停梯后的状况。检查项目包括电梯开闭是否正常、指示信号是否完好等，若有异常应及时采取措施，防止事故的发生。同时，要制定日检、周检、月检、季检和年检制度，并严格组织实施。

1）日检

日检是由专职维修人员负责，主要是检查易磨损和易松动的外部零件，必要时进行修理、调整和更换，如发现重大损坏时，应立即报告给主管负责人设法处理。

2）周检

除日检内容外，还要有周检。周检必须对主要部位进行更加细致的检查和必要的维护，保证其动作的可靠性和工作的准确性。

3）月检

除周检内容外，还要有月检。月检应对电梯各安全装置和电气系统进行检查、清洁润滑和必要的调整。

4）季检

季检必须由有经验的技术人员和维修人员共同进行，除月检内容外，重点对电梯传动部分进行全面的检查，必要时进行相应的调整和维护，同时应对各安全装置进行必要的调整，对电气控制系统工作情况进行检查。

5）年检

年检是在电梯运行一年后进行一次全面的技术检查。由有经验的技术人员负责，修理更换磨损部件。较长时间放置不用（1个月以上）的电梯，应每周开启电梯，空载上下运行数次，以保证各部件灵活，防止零件锈死，避免电器受潮。每年检查一次电气设备绝缘部分的情况，应符合有关规定。

（2）电梯维修保养

电梯的维修保养一般包括机房内维修保养、井道与轿厢部分的维修保养和底坑内维修保养等三个主要部件的维修保养。

1）机房内维修保养包括对机房内的设备，如轿厢平层标志、门锁、曳引轮、限速器及制动器等装置进行的维修保养。

2）井道与轿厢部分的维修保养包括对重块、安全钳联动机构、轿厢固定照明及轿厢安全窗等装置的维修保养。

3）底坑内维修保养包括补偿链、底坑急停开关、随行电缆、液压缓冲器、限速器及张紧轮等装置的维修保养。

过程 3.2　电梯的使用与操作

3.2.1　电梯的使用

为了确保电梯的正常安全运行，防止事故的发生，必须严格管理，安全合理地使用，注重日常维护保养等环节，制定相应的规章制度，并严格执行。

1. 电梯交付后的管理工作

当安装调试合格的电梯交付使用后，使用部门应指定专职管理人员妥善处理电梯投入运行后的使用、维护、检查修理等方面事务。一般情况下，管理人员应做好以下工作。

1）收取并保管厅外自动开关门、工作状态转化电气钥匙和机房门锁钥匙。

2）确定司机和维护人员，并进行有关的培训。

3）收集、整理有关技术资料，包括井道及机房土建资料、安装平面布置图、产品合格证书、电气控制说明书、电路原理图以及安装接线图、安装说明书、使用维护说明书；电梯安装及使用范围；装箱单及备件明细表；安装验收试验和测试记录，有关电梯设计、制造、安装等方面的国家或企业规范标准等。资料应分类登记存档，妥善保管。

4）收集并妥善保管电梯备品、备件、附件及工具。根据随机资料中提供的明细表，清理核对随机发来的备品、备件和专用工具，以及电梯安装后剩余的各种安装材料，登记建账。此外，还应根据随机文件提供的项目编制备品、备件采购计划。

5）根据本单位具体情况，建立电梯管理、使用、维护保养等制度。

6）熟悉电梯技术资料，向有关人员了解电梯在安装、调试验收时的情况，操纵电梯试运行，了解设备完好情况。如发现缺陷时，应将电梯暂时封存，若封存时间过长，应按技术文件的要求妥善处理。

2. 电梯使用过程中的检查

电梯交付使用后，为确保其安全正常的工作，需要按时进行检查，检查方式有使用单位自行检查和政府有关部门组织的定期安全检查两种。

（1）使用单位自检

1）日常检查

电梯日常检查是电梯维护、管理人员必须经常进行的检查工作，主要检查以下方面：

① 厅门闭锁装置

每周应对各层厅门、门锁进行检查。当电梯在正常工作时，任一层厅门的一扇被开启，则电梯应停止运行或不能启动；厅门关闭时用外力不应将厅门推开。

② 轿门

每周应检查轿门开关时各级减速是否正常，安全装置是否能可靠工作。

③ 消防功能

每周应检查一次消防功能，确保其正常。

④ 报警和应急功能

每周检查轿内警铃、对讲系统、电话等紧急报警装置，与建筑物内的管理部门应能及时应答紧急呼救。

2）季度检查

季度检查是使用单位按季度对机房主要设备进行一次全面检查。主要包括曳引机运行时有无异常噪声、减速机是否漏油、减速箱及电机的温升情况、电磁抱闸的制动可靠性、速度反馈信号的质量、限速器运转的灵活可靠性、控制柜内电气元件动作是否可靠、极限开关动作是否可靠等。

3）年度检查

年度检查是由使用单位组织的检查，是针对电梯在运行过程中的整机性能和安全设施进行的全面检查。

整机性能主要包括舒适感、运行的振动、噪声、运行速度和平层准确度等5方面；安全设施方面主要包括超速、断相、错相、缓冲装置、上下限位等保护功能的检查，同时还应进行电气设备的接地、接零可靠性的检查。根据检查结果确定是否需要大修或中修。有维修能力的单位可组织具备电梯专业维修资格的技术人员自行修理，否则委托获得政府主管部门颁发的电梯维修专业许可证的单位进行维修。

定期安全检查是根据政府主管部门的规定，由负责电梯注册登记的有关部门委派电梯注册或认证工程师进行的安全检查。检查的周期、内容由各地主管部门决定。检查合格的电梯，发给使用许可证，证书注明安全有效期，超过期限的电梯应禁止使用。

定期检查及试验与安装竣工后交付使用前的检查和试验有区别。一般来说，前者的要求与方法不必像后者那样严格，只是为了确定那些正常动作的安全部件总是处于可动作的状态即可。因此，在进行定期检查试验时，如需要进行重复试验，应注意不能造成试验件的过度磨损或导致可能降低电梯安全性能的应力。如对安全钳和限速器的试验应在轿厢空载已减速的情况下进行。

（2）定期安全检查

定期安全检查的主要部件是厅门闭锁装置、钢丝绳、机械制动器、限速器、安全钳、缓冲器、报警装置的安全可靠性。对每一个检查内容均应给出试验及检查报告，合格后由主管部门存档并予以发证。

3.2.2 电梯的操作

1. 司机、乘用人员安全操作规程

（1）行驶前的准备工作

1）在多班制的情况下，司机在上班前应做好交接班手续，了解电梯在上一班的运行情况。

2）开启厅门进入轿厢之前，需注意电梯的轿厢是否该在该层。

3）开始工作前（开放电梯前），对于有司机控制的电梯，司机应控制电梯上下试运行数次，观察并确定电梯的开门、启动、运行、选层、换速、停靠等是否正常，有无异常的撞击声和噪声等。对于无司机控制的电梯，上述工作可由管理员负责进行。

4）做好轿厢、轿厢门及其他乘用人员可见部分的卫生工作。

（2）使用过程中的注意事项

1）有司机控制的电梯，若司机要在工作时间内离开轿厢，应将电梯开到基站，在操纵箱上切断电梯的控制电源，用专用钥匙扭动厅外召唤箱上控制开关门的钥匙开关，把电梯门关闭好。严禁乘用人员随便扳弄操纵开关和按钮。

2）特殊情况下，电梯载重量可为额定载重量的110%，但不允许连续超载运行。

3）装运易燃、易爆等危险物品时，需预先通知管理部门，以便采取安全措施。

4）严禁在开启轿门的情况下，通过按应急按钮，控制电梯以慢速作一般行驶。除在特殊情况下，不允许将电梯的慢速检修状态当作一般运送任务的行驶。也不得通过扳动电源开关或按急停按钮等方法，在正常运行中消号。

5）乘用人员进入轿厢后，切勿倚靠轿厢门以防电梯门碰撞乘用人员或夹住衣物等。

6）运送重量大的货物时，应将物体放置在轿厢中间位置上，防止轿厢倾斜。不得通过开启安全窗去搬运长件货物，更不得在轿厢顶部放置货物。

（3）应立即停机保修的现象

1）做轿内指令登记和关闭厅门、轿门后，电梯不能启动；或者在厅门、轿门开启的情况下，在轿内按下指令按钮时能启动电梯。

2）到达预选层站时，电梯不能自动提前转速，或者虽能自动提前转速，但平层时不能自动停靠，或者停靠后超差过大，或者停靠后不能自动开门。

3）电梯在运行过程中，在没有轿内外指令登记信号的层站，电梯能自动转速和平层停靠开门或中途停车；甚至在额定速度下运行的限速器和安全钳动作刹车。

4）电梯在启动、运行、停靠开门过程中有异常的噪声、响声、振动等。

5）在厅外能把厅门扒开。

6）人体碰触电梯部件的金属外壳时有麻电现象。

7）熔断器频繁烧断。

8）元器件损坏，信号失灵，无照明。

（4）收尾工作

电梯使用完毕后，应将电梯开到基站，把操纵箱上的电源、信号、照明等的开关复位，将电梯门关闭好。

2. 维修人员的安全准备工作

1）轿厢内或入口的明显处应挂上"检修停用"标牌。

2）让无关人员离开轿厢或其他检修工作场地，关好厅门，不能关闭厅门时，需要用合适的护栏挡在门口处，并挂上标志，以防无关人员进入电梯。

3）检修电器设备时，一般应切断电源或采取适当的安全措施。

4）一个人在轿顶做检修工作时，必须按下轿顶检修箱上的急停按钮，或扳动安全钳的联动开关，关好厅门，在操纵箱上挂"人在轿顶、不准乱动"的标牌。

在检修过程中的安全注意事项如下。

① 给转动部位加油、清洗或观察钢丝绳的磨损情况时，必须停闭电梯。

② 人在轿顶上工作时，站立处不得有油污，否则应打扫干净，以防滑倒。

③ 需由轿内的司机或检修人员开电梯时，要交代和配合好，未经许可不准开动电梯。

④ 在多台电梯共用一个井道的情况下，检修电梯应加倍小心，除注意本电梯的情况外，还应注意其他电梯的状态，以防被其碰撞。

⑤ 禁止在井道内和轿顶上吸烟。

⑥ 检修电器部件时应尽可能避免带电作业，必须带电作业或难以在安全切断电源的情况下操作时，应预防触电，并和助手协同进行，应防止电梯突然启动运行。

3. 电梯的巡视（见表3-1）

电梯设备巡视表　　　　　　　　　　　　　　　表3-1

小区名称	日期		时间	检查人员
项目名称	巡查项目		正常与否	检查情况
电 梯 巡 视	1	了解电梯运行情况		
	2	查看设备维保记录		
	3	机房情况		
	4	刹车装置		
	5	三方通话		
	6	曳引机情况		
	7	轿厢		
	8	地坑		
	9	轿顶		
	10	应急照明		
	11	其他		
小区管理人员巡视记录				
管理处经理签名确认				

任务 4

维护弱电设备

过程 4.1　弱电设备的认知

4.1.1　有线电视与广播的维护与检修

1. 广播音响系统

广播音响系统是指建筑物（群）自成体系的独立有线广播系统，是一种宣传和通信工具。由于该系统的设备简单、维护和使用方便、听众多、影响面大、工程造价低、易普及，所以在工程中被普遍采用。通过广播音响系统可以播送报告、通知、背景音乐、文娱节目等。

（1）广播音响系统的分类

建筑物的广播音响系统主要内容包括公共广播、客房广播、会议室音响、各种厅堂音响、家庭音响和同声翻译系统等。

1）公共广播系统

公共广播系统是一种有线广播系统，它包括背景和紧急广播功能，两者通常结合在一起，平时播放背景音乐或其他节目，出现火灾等紧急事故时，转换为报警广播。这种系统中的广播用的话筒与向公众广播的扬声器一般不处同一房间内，故无声反馈的问题，并以定压式传输方式为其典型系统。

2）厅堂扩声系统

厅堂扩声系统使用专业音响设备，并要求有大功率的扬声器系统和功放设备，由于传声器与扩声用的扬声器同处于一个厅堂内，故存在声反馈乃至啸叫的问题，且因其距离较短，所以系统一般采用低阻直接传输方式。

3）专用会议系统

专用会议系统虽也属于扩声系统，但有其特殊要求，如同声翻译系统等。

（2）广播音响系统的基本组成

不管哪一种广播音响系统，基本上都可以分为节目源设备、信号放大和处理设备、传输线路和扬声器系统 4 个部分。

1) 节目源设备

节目源通常由无线电广播系统、激光唱机和录音机等设备提供。此外，还有传声器、电子乐器等。

2) 信号放大和处理设备

信号放大和处理设备包括调音台、前置放大器、功率放大器和各种控制器及音响加工设备等。这部分设备的首要任务是信号放大，其次是信号的选择。调音台和前置放大器的作用和地位相似（当然调音台的功能和性能指标更高），它们的基本功能是完成信号的选择和前置放大，此外还对音量和音响效果进行各种调整和控制。有时为了更好地进行频率均衡和音色美化，还另外单独投入图示均衡器。这部分是整个广播音响系统的"控制中心"。功率放大器则将前置放大器或调音台送来的信号进行功率放大，再通过传输线去推动扬声器放声。

3) 扬声器系统

扬声器系统要求整个系统要匹配，同时其位置的选择也要切合实际。根据不同的使用场合，扬声器装置可分为纸盆式扬声器、号筒式扬声器和声柱等。办公室、走廊、公共活动场所一般采用纸盆式扬声器箱。在建筑装饰和室内净高允许的情况下，对于大空间的场所宜采用声柱（或组合音箱）。在噪声高、潮湿的场所，应首先考虑采用号筒式扬声器。

4) 传输线路

传输线路虽然简单，但随着系统和传输方式的不同而有不同的要求。对礼堂、剧场等，由于功率放大器与扬声器的距离不远，一般采用低压大电流的直接馈送方式，传输线要求用专用喇叭线。而对公共广播系统，由于服务区域广，距离长，为了减少传输线路引起的损耗，往往采用高压传输方式，由于传输电流小，故对传输线要求不高。

2. 有线电视（CATV）系统

目前，随着城市有线电视网络的发展，有线电视系统从节目源、传输方式和传输质量以及服务功能上都有了很大的改善。卫星电视节目、微波中继电视节目、自办电视节目、各种模拟和数字视频节目源使有线电视系统的节目丰富多彩；光缆传输方式的应用大大提高了传输质量和容量；数字技术的应用使有线电视系统能够提供交互式的双向服务和合理的有偿收费服务。

任何一种有线电视（CATV）系统，无论是多么复杂，它都由前端、信号传输分配网络和用户终端 3 部分组成，如图 4-1 所示。

图 4-1　CATV 系统组成的框图

（1）前端系统

前端系统主要有信号源和信号处理两大部分。

1）信号源

信号源对系统提供各种各样的信号，以满足用户的需要。信号源的主要部件有：电视接收天线、卫星天线、微波天线、摄像机、计算机等。

天线是接收空间电视信号的部件。只接收单一频道的称为某频道的专用接收天线。能收 1～5 频道的称为 VHF 低频段接收天线；能接收 6～12 频道的称为 VHF 高频段接收天线；能收 1～12 频道的称为 VHF 全频道接收天线；能接收 13～30 频道或 31～44 频道的称为 UHF 低频段接收天线；能接收 45～68 频道的称为 UHF 主频接收天线；能收 13～68 频道的称为 UHF 全频道天线。

2）前端信号处理

前端信号处理是对信号源提供的各路信号源进行必要的处理和控制，并输出高质量的信号给干线传输部分。前端信号处理的主要作用有如下几个方面。

① 将天线接收的各频道电视信号分别调整到一定电平值，然后经混合器混合后送入干线。

② 必要时将电视信号变换成另一频道的信号，然后按这一频道信号进行处理。

③ 向干线放大器提供用于自动增益控制和自动频率控制的导频信号。

④ 自播节目通过调制器后成为某一频道的电视信号而进入混合器。

⑤ 卫星电视接收设备输出的视频信号通过调制器成为某频道的电视信号进入混合器。

前端信号处理部分的主要设备包括天线放大器、频道放大器、频道交换器、自播节目设备、卫星电视接收设备、导频信号发生器、调制器、混合器以及连接线缆等部件。

（2）信号传输分配网络

信号传输分配网络分无源和有源两类。无源分配网络只有分配器、分支器和传输电缆等无源部件，其可连接的用户较少。有源分配网络增加了电路放大器，因此其所连接的用户数可以增多。线路放大器多采用全频道放大器，以补偿用户增多、电路增长后的信号损失。

分配器的功能是将一路输入信号的能量均等地分配给两个或多个输出的部件，一般有二分配器、三分配器、四分配器。分配器的输出端不能开路或短路，否则会造成输入端严重失配，同时还会影响其他输出端。

分支器是串在干线中，从干线耦合部分信号能量，然后分一路或多路输出的器件。

分配系统中各元件之间均用馈线连接，它是提供信号传输的通路，分为主干线、干线、分支线等。主干线接在前端与传输分配网络之间。干线用于分配网络中信号的传输，分支线用于分配网络与用户终端的连接。

（3）用户终端

共用天线电视系统的用户终端为供给电视机电视信号的接线器，又称为用户接线盒。用户接线盒分为暗盒与明盒两种。CATV 系统的基本组成示意图如图 4-2 所示。

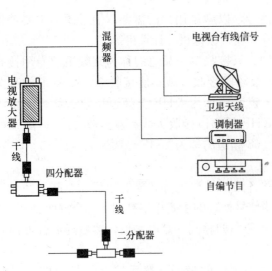

混频器

电视台有线信号

电视放大器

干线

卫星天线

调制器

四分配器

自编节目

干线

二分配器

图 4-2   CATV 系统基本组成示意图

3. 广播及有线电视系统的管理与维护

共用电视系统的维护主要有以下几方面。

1）保证系统选用器件的质量标准。电子器件的质量高低对系统优劣影响很大。例如，放大器的噪声系数大小是限制其灵敏度的主要因素，所以一般的天线放大器要求其噪声系数为 5～8dB，电路放大器为 8～12dB。

2）系统组成和传输网络要合理，电路和器件的敷设要牢靠，特别是挠点不能有松动和虚焊，输出端不能短路，输入端如需设置 75Ω 电阻的地方不能遗漏。

3）调试用户端电平。要使用户能获得 4 级电视图像，一般应有 60dB 的信号电平才合理，否则图像质量变坏，并会产生雪花干扰。但信号太强也会使图像质量下降，一般彩色电视机控制在(75±5)dB，黑白电视机控制在(75±5)dB 为宜。

4）调控较高的载噪比。噪声是反映各种内外干扰电压的总称。如果噪声过大，电视图像会有网状白线、黑线，画面会出现翻滚扭曲和重影等问题，同时伴音质量也会大为降低。因此，在共用电视系统中，载噪比一般不应低于 43dB。

5）"交调"与"互调"指数要符合规定。交调与互调都是反映信号对电视图像的干扰。交调的干扰反映在画面上总是有一条白而光的条带水平移动，即出现"雨刷现象"。互调干扰则是出现网纹或斜纹的干扰图像。我国规定交调指数 CM＞49dB，互调指数 IM＞54dB。

6）经常对线路巡检，对天线分配器、放大器、分支器等重要部件定期进行调试，保证参数的正确和合理。

4.1.2   监控与安防系统的维护与检修

1. 安全防范系统简介

目前，随着建筑物的级别越来越高，其安全防范系统往往具有很高的自动化程度，而且有些安全防范系统具有智能功能。

为了防止各种偷盗和暴力事件，在楼宇中设立安全防范系统是必不可少的。从防止罪犯入侵的过程上讲，安全防范系统要提供外部侵入保护、区域保护、目标保护，这 3 个层次的出入口控制都是系统基本的和通用的 3 大组成部分。

2. 入侵报警系统的结构

入侵报警子系统负责建筑内外各个点、线、面和区域的侦测任务，由探测器、区域控制器和报警控制中心 3 个部分组成，其结构如图 4-3 所示。

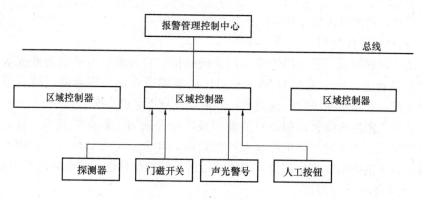

图 4-3　入侵报警系统的结构图

入侵报警子系统分 3 个层次。最低层是探测和执行设备，它们负责探测人员的非法入侵，有异常情况时发出声光报警，同时向区域控制器发送信息，区域控制器负责下层设备的管理，同时向控制中心传送自己所负责区域内的报警情况。一个区域控制器和一些探测器、声光报警设备就可以组成一个简单的报警系统。

（1）一般的报警控制器具有以下几方面的功能

1）布防与撤防

在正常工作时，工作人员频繁出入探测器所在区域，报警控制器即使接到探测器发来的报警信号也不能发出报警，这时就需要撤防。下班后，需要布防，如果再有探测器的报警信号进来，就要报警了。

2）布防后的延时

如果布防时，操作人员正好在探测区域之内，那么布防就不能马上生效，这需要报警控制器能够延时一段时间，等操作人员离开后再生效，这是报警控制器的延时功能。

3）防破坏

如果有人对线路和设备进行破坏，报警控制器也应当发出报警。常见的破坏是线路短路或断路。报警控制器在连接探测器的线路上加上一定的电流，如果断线，则线路上的电流为零；有短路则电流大大超过正常值。这两种情况中任何一种发生，都会引起控制器报警，从而达到防止破坏的目的。

（2）防盗系统中使用的探测器

防盗系统所用探测器的基本功能是感知外界、转换信息、发出信号。随着科技的发展，可靠性与灵敏度也不断提高。一套优秀的安全系统，需要各种探测器配合使用，才能取长补短，过滤错误的警报，完成周密而安全的防护任务。

1）开关探测器

开关探测器是防盗系统中最基本、简单而经济有效的探测器。最常用的开关包括微动开关、磁簧开关两种。开关一般装在门窗上，线路的连接可分常开和常闭两种。常开式平常处于开路状态，当有情况时（如门、窗被推开）开关就闭合，使电路导通，启动警报。这种方式的优点是平常开关不耗电，即使再增加无数个开关也不会消耗电力，所以可以使用电池作为电源；其缺点是，如果电线被剪断或接触不良，将使其失效。但常闭式则相反。

2）玻璃破碎探测器

玻璃破碎探测器一般应用于玻璃门窗的防护。它利用压电式拾音器安装在面对玻璃的位置上，由于它只对 $10\sim15kHz$ 的玻璃破碎高频声音能进行有效的检测，因此对行驶车辆或风吹门窗时产生的振动信号不会产生响应。

为了最大限度地降低误报，目前玻璃破碎报警采用了双探测技术。其特点是需要同时探测到破碎时产生的振荡和音频声响，才会产生报警信号。因而不会受室内移动物体的影响而产生误报，增加了报警系统的可靠性，适合昼夜 24h 防范。

3）光束遮断式探测器

光束遮断式探测器是一类能够探测光束是否被遮断的探测器，目前用得最多的是红外线对射式。它由一个红外线发射器和一个接收器以相对方式布置组成。当罪犯横跨门窗或其他防护区域时，挡住了不可见的红外光束，从而引发报警。为了防止罪犯可能利用另一个红外光束来瞒过探测器，探测用的红外线必须先调制到特定的频率再发送出去，而接收器也必须配有频率与相位鉴别的电路来判别光束的真伪或防止日光等光源的干扰。

4）热感式红外线探测器

热感式红外线探测器由于不需另配发射器，且可探测立体的空间，所以又称为被动式立体红外线探测器。它是利用人体的温度来进行探测的，有时也称它为人体探测器。任何物体，包括生物和矿物，因表面温度不同，都会发出强弱不等的红外线。因物体的不同，其所辐射的红外线波长也不同。人体所辐射的红外线波长为 $10\mu m$ 左右，热感式红外线探测器就是利用这一特点来探测人体的。

5）微波物体移动探测器

微波物体移动探测器是利用超高频的无线电波来进行探测的。探测器发出无线电波，同时接收反射波，当有物体在探测区域移动时，反射波的频率与发射波的频率有差异，两者频率之差称为多普勒频率。探测器就是根据多普勒频率来判定探测区域中是否有物体移动的。由于微波的辐射可以穿透水泥墙和玻璃，在使用时需考虑安放的位置与方向，通常适合于开放的空间或广场。

6）超声波物体移动探测器

超声波物体移动探测器与微波物体移动探测器一样，都是采用多普勒效应的原理实现的，不同的是它们所采用的波长不一样。通常将 $20kHz$ 以上频率的声波称为超声波。超声波物体移动探测器由于其采用频率的特点，容易受到振动和气流的影响，在使用时，不要放在松动的物体上，同时也要注意是否有其他超声波源存在，以防止干扰。

7）振动探测器

振动探测器用于铁门、窗户等通道和防止重要物品被人移动。其类型以机械惯性式或压电效应式两种为主。机械惯性式是利用软簧片终端的重锤受到振动产生惯性摆动，振幅足够大时，碰到旁边的另一金属片而引起报警。压电效应式是利用压电材料因振动产生机械变形而产生电特性的变化，检测电路根据其特性的变化来判断振动的大小。目前由于机械式探测器容易锈蚀，且体积较大，已逐渐被压电式探测器代替。

（3）防盗报警控制系统的计算机管理

建筑内的入侵报警系统需要计算机来管理以提高其自动化程度，增强其智能性。报警系统的计算机管理主要有以下内容。

1）系统管理

计算机将对系统中所有的设备进行管理。在增加或减少区域控制器和探测器时，要在计算机内注册或注销。系统运行时，要对控制器和探测器进行定时自检，以便及时发现系统中的问题。在计算机上可以对探测区域进行布防和撤防，可以对系统数据进行维护，可以通过密码方式设定操作人员的级别以保护系统自身的安全。

2）报警后的自动处理

采用计算机后可以设定自动处理程序。当报警时，系统可以按照预先设定的程序进行处理。比如可以自动拨通公安部门的电话，自动启动安全防范设备，自动录音、录像等。报警的时间、地点也自动存储在计算机的数据库中。

3. 电视监视系统

电视监视系统是安全技术防范体系中的一个重要的组成部分，是一种先进的、防范能力极强的综合系统，它可以通过遥控摄像机及其辅助设备（镜头、云台等）直接观看被监视场所的一切情况，可以使被监视场所的情况一目了然。同时，电视监视系统还可以与入侵报警系统等其他安全技术防范体系联动运行，使其防范能力更加强大。

（1）电视监视系统的基本结构

电视监视系统依功能的不同可以分为摄像、传输、控制和显示与记录 4 个部分，各个部分之间的关系如图 4-4 所示。

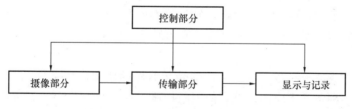

图 4-4　电视监视系统的组成部分

摄像部分是安装在现场的，包括摄像机、镜头、防护罩、支架和电动云台，它的任务是对被摄体进行摄像并将其转换成电信号。传输部分的任务是把现场摄像机发出的电信号传送到控制中心，它一般包括线缆、调制与解调设备、线路驱动设备等。显示与记录部分把从现场传来的电信号转换成图像信号在监视设备上显示，如果必要，就用录像机录下来，所以它包含的主要设备是监视器和录像机。控制部分则负责所有设备的控制与图像信号的处理。

（2）摄像设备

1）摄像机

摄像机是监视系统的重要部件，目前广泛使用的是电荷耦合式摄像机，简称CCD摄像机。摄像机有黑白和彩色之分。如果使用的目的是监视景物的位置和移动，采用黑白的摄像机就可以。如果要分辨被摄物体的细节，采用彩色的摄像机比较好。一般黑白摄像机要比彩色摄像机灵敏，比较适用于光线不足的地方。

摄像机的电源一般有交流 220V、交流 24 V、直流 12V 和直流 24V 几种，要根据监视系统的电源和现场需要适当选择。

CCD 摄像机对红外光是比较敏感的，这种光人虽然看不见，但却能在 CCD 摄像机上呈现很清晰的图像。如果仅在完全黑暗的地方进行监视，加上红外光源即可。

2）镜头

设计电视监视系统时，镜头的选择与摄像机的选择是同等重要的。目前市场上供监视摄像机用的镜头很多，选择镜头的依据是观察的视野和亮度变化的范围，同时兼顾所选摄像机 CCD 的尺寸。视野决定便用定焦距还是变焦距镜头，若用定焦距镜头选择多大焦距，若用变焦距镜头选择焦距的范围有多大。亮度的变化决定是否使用自动光圈镜头。

3）云台

云台与摄像机配合使用能达到扩大监视范围的作用，提高了摄像机的使用价值。云台的种类很多，从使用环境上来讲有室内型云台、室外型云台、防爆云台、耐高温云台和水下云台等；从其画面转动的特点可分为只能左右旋转的水平云台和既能左右旋转、又能上下旋转的全方位云台。在建筑物监视系统中，最常用的是室内和室外全方位普通云台。

云台的回转范围分水平旋转角度和垂直旋转角度两个指标。水平旋转角度决定了云台的水平回旋范围，一般为 $0°\sim350°$。全方位云台的回旋范围由向上旋转角度和向下旋转角度确定。

正对目标进行跟踪，对云台的旋转速度有一定的要求。普通云台的转速是恒定的，水平旋转速度一般在 $3\sim10°/s$，垂直转速为 $4°/s$ 左右。

4）防护罩

摄像机作为电子设备，其使用范围受元器件的使用环境条件的限制。为了使摄像机能在各种条件下应用，就要使用防护罩。

防护罩分室内防护罩和室外防护罩。室内防护罩的主要功能是保护摄像机在室内更好地应用，能防灰尘，有时也有隐蔽作用，使监视场合和对象不易察觉受到了监视。室内防护罩还要考虑外形美观、简单，造型要有时代感，安装简单实用。有些室内使用现场环境很好，也可省去防护，直接把摄像机安装在支架上。

室外防护罩要比室内防护罩复杂得多，其主要功能有防晒、防雨、防尘、防冻和防凝露。

（3）传输部分

监视现场和控制中心需要有信号传输，一方面摄像机得到的图像要传到控制中心，另一方面控制中心的控制信号要传送到现场，所以传输系统包括视频信号和控制信号的传输。

1）视频信号的传输

视频信号的传输是很重要的，它直接影响到监视的效果，在监视系统中，信号的传输距离一般在 1km 以内，在这种情况下，目前多数采用视频基带的同轴电缆传输。同轴电缆的内导体上用聚乙烯材料以同心圆状覆盖绝缘，外导体是软铜线编织物，最外层用聚乙烯封包。这种电缆对外界的静电场和电磁波有屏蔽作用，传输损失也比较小。

一般 SYV—75—3 的电缆在 100m 内、SYV—75—5 的电缆在 300m 以内时，其衰减的影响可以不予考虑。大于上述距离时，如果图像质量不好，就要考虑使用电缆补偿器。电缆补偿器同普通的视频放大器不同，它是根据电缆的衰减特性设计的，它对不同频率信号的放大倍数是不同的。

2）控制信号的传输

控制过程主要是对现场的设备进行控制，就需要把控制信号传输到现场。不同的控制方式，信号的种类不同，传输的方式就有区别。在近距离的监视系统中，常用的控制方式有直接控制、多线编码的间接控制、通信编码的间接控制、同轴视控、无线传输等。

（4）显示与记录

显示与记录设备是安装在控制室内的，主要有监视器、录像机和一些视频处理设备。

1）图像监视器

图像监视器是目前闭路电视系统中使用最多的一种。对摄像机信号的图像监视、控制室的图像监视、线路信号监视等都使用这种图像监视器。

2）录像机

录像机是监视系统的记录和重放装置，电视监视系统要求录像机有较长的记录时间。目前监视系统专用录像机采用普通 180min 的录像带可以录 24h，还有可以录 960h 的录像带，这在需要连续录像的情况下可以节约大量磁带。

3）视频切换器

在闭路电视监视系统中，监视器和录像机的数量与摄像机的数量不是一一对应的，而是少于摄像机的数量。所以，在设计一套闭路电视监视系统时，要明确同时监视几路和同时录制几路摄像机信号这两个问题。要实现少量监视器和录像机监视和录制多路视频信号这一目的，就需要视频切换设备。

视频切换器可以使用少量的监视器看多个监视点。从视频信号输入和输出路数来分，基本有两种类型。一种是 n 路入 1 路出的系统，这是最一般的形式；另一种是 n 路入 m 路出的系统，它要把 n 台摄像机的视频信号送给 m 台监视器，并且在一台监视器上能任意切换所有摄像机信号，这种切换器称之为视频矩阵。

4）多画面分割器

视频切换器能使人们在一台监视器上通过切换观看多路摄像机信号，如果在一台监视器上观看多路摄像机信号，就需要多画面分割器，这种设备能够把多路视频信号合成为一幅图像。目前常用的是 4 画面分割器,如果要看更多,还有 9 画面和 16 画面分割器。使用多画面分割器还有一个好处是,它能使用一台录像机同时录制多路视频信号。现在一些比较好的多画面分割器还具有单路回放的功能,即能选择同时录下的多路视频信号的任意一路在监视器上满屏播放。

5)视频分配器

一路视频信号要送到多个显示与记录设备时,需要视频分配器,其构成如图 4-5 所示。

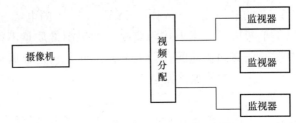

图 4-5 视频分配器的基本形式

(5)控制设备的功能与实现

闭路电视监视系统中所需控制的种类如图 4-6 所示。

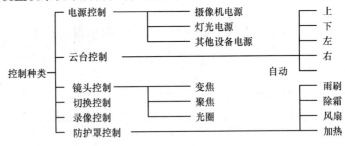

图 4-6 闭路电视监视系统控制种类

1)电动变焦镜头的控制

变焦镜头是在固定成像面的情况下能够连续调整焦距的镜头,它与电动旋转云台组合可以对相当广阔的范围进行监视,而且还可以对该范围内任意部分进行特写。对它的控制就是变焦、聚焦和调节光圈 3 种功能,每种有长短、远近或开闭两种控制,总计 6 种控制。

2)云台的控制

电动旋转云台需要左、右、上、下 4 种控制,有些云台还有自动巡视功能,所以要增加云台自动控制。

3)切换设备的控制

切换的控制一般要求和云台、镜头的控制同步,即切换到哪一路图像,就控制哪一路的设备。

电视监视系统还有许多高级的控制。比如现在一些把云台、变焦镜头和摄像机封装在一起的一体化摄像机,它们配有高级的伺服系统,云台可以有很高的旋转速度，还可以预置监视点和巡视路径。这样，平时可以按设定的路线进行自动巡视，一旦发生报警，就能很快地对准报警点，进行定点的监视和录像。一台摄像机可以起到几台摄像机的作用。

4. 出入口控制系统

（1）出入口控制系统的基本结构

出入口控制系统也叫门禁管制系统，其结构如图 4-7 所示。包括 3 个层次的设备，底层是直接与人员打交道的设备，有读卡机、电子门锁、出口按钮、报警感应器和报警喇叭等。

门禁管制系统用来接受人员输入的信息，再转换成电信号送到控制器中，同时根据来自控制器的信号，完成开锁、闭锁等工作。控制器接收底层设备发来的有关人员的信息，同自己存储的信息相比较作出判断，然后再发出处理的信息。单个控制器就可以组成一个简单的门禁系统，用来管理一个或几个门。多个控制器通过通信网络同计算机连接起来就组成了整个建筑的门禁系统。计算机装有门禁系统的管理软件，它管理着系统中所有的控制器，向它们发送控制命令，对它们进行设置，接受其发来的信息，完成系统中所有信息的分析与处理。

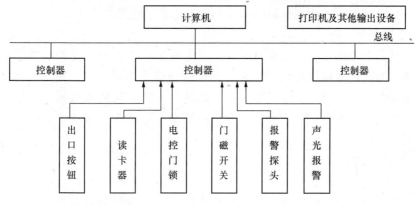

图 4-7　出入口控制系统的基本结构

出入口控制装置是集机械、电子和光学等一体化的系统，其主要功能有如下几项。

1）对已授权的人员，凭有效的卡片、代码或特征，允许其进入；对未授权人员（包括想混入的人）将拒绝其入内。

2）对某段时间内人员的进出状况，某人的出入情况，在场人员名单等资料实时统计、查询和打印输出。

出入口控制主要目的是对重要的通行口、门口、通道、电梯等进行出入监视和控制。

（2）读卡机的种类

卡片由于轻便、易于携带而且不易被复制，使用起来安全方便，是传统钥匙理想的替代品。读卡的原理是利用卡片在读卡器中的移动，由读卡机阅读卡片上的密码，经解码后送到控制器进行判断。卡片目前已发展到免刷卡接近或感应型

83

读卡技术，还可以结合指纹辨识机进行更安全的管制。

1）磁码卡

磁码卡就是人们常说的磁卡，它是把磁性物质贴在塑料卡片上制成的。磁卡可以容易地改写，使用户随时可更改密码，应用方便。其缺点是易被消磁、磨损。磁卡价格便宜，是目前使用最普遍的产品。

2）铁码卡

铁码卡卡片中间用特殊的细金属线排列编码，采用金属磁扰的原理制成。卡片如果遭到破坏，卡内的金属线排列就遭到破坏，所以很难复制。读卡机不用磁的方式阅读卡片，卡片内的特殊金属丝也不会被磁化，所以它可以有效地防磁、防水、防尘，可以长期使用在恶劣环境下，是目前安全性较高的一种卡片。

3）感应式卡

感应卡片采用电子回路及感应线圈，利用读卡机本身产生的特殊振荡频率，当卡片进入读卡机能量范围时产生共振，感应电流使电子回路发射信号到读卡机，经读卡机将接收的信号转换成卡片资料，送到控制器对比。接近式感应卡不用在刷卡槽上刷卡，使用迅速方便。由于卡是由感应式电子电路制成的，所以不易被仿制。同时它具有防水功能并且不用换电池，是非常理想的卡片。

4）智能卡

智能卡大小像信用卡，它嵌有一块集成电路芯片，是一个受保护带存储器的微处理器，由微处理器控制访问。它具有保密性强、不受干扰、独立性强、不可复制、可开发专门应用、灵活可靠、不易伪造、不能非法读取数据、不易受磁场影响、与其他系统兼容、可防备主机通信受到干扰等性能。这种卡的使用正在被迅速扩大。

5）生物辨识系统

① 指纹机

指纹机是用每个人的指纹差别作对比辨识，是比较复杂且安全性很高的门禁系统。它可以配合密码机或刷卡机使用。

② 掌纹机

掌纹机是利用人的掌形和掌纹特性作图形对比，类似于指纹机。

③ 视网膜辨识机

视网膜辨识机是利用光学摄像对比，比较每个人的视网膜血管分布的差异，其技术相当复杂。

④ 声音辨识

声音辨识是利用个人声音的差异以及所说的指令内容不同而加以比较。但由于声音可以被模仿，而且使用者如果感冒会引起声音变化，其安全性受到影响。

上面介绍了各种读卡机，要根据具体情况选用。磁码卡由于价格便宜，仍广泛应用在各种建筑的出入口管理与停车场管理系统中。铁码卡和感应式读卡器由于安全防范性能较好，在国外比较流行。智能卡正在迅速扩大其使用范围。生物辨识技术安全性极高，对视网膜的复制几乎是不可能的，所以应用在军政要害部门或者大银行的金库等处是比较合适的。

（3）出入口控制系统的计算机管理

出入口控制系统最终将由系统的计算机来完成所有的工作，如何完成则由计算机内的管理软件来决定。出入口控制系统的管理软件通常包括如下部分。

1）系统管理软件

系统管理软件的功能是对系统所有的设备和数据进行管理，包括以下几项内容。

① 设备注册

比如在增加控制器或是卡片时，需要重新登记，以使其有效；在减少控制器或是卡片遗失、人员变动时使其失效。

② 级别设置

在已注册的卡片中，设定哪些可以通过，哪些不可以通过。某个控制器可以让哪些卡片通过，不允许哪些卡片通过。对于计算机的操作要设定密码，以控制哪些人可以操作。

③ 时间管理

可以设定某些控制器在什么时间允许或不允许持卡人通过；哪些卡片在什么时候可以或不可以通过哪些门等。

④ 数据库的管理

对系统所记录的数据进行转存、备份、存档和读取等处理。

2）事件记录软件

系统正常运行时，对各种出入事件、异常事件及其处理方式进行记录，保存在数据库中，以备日后查询。

3）报表生成

能够根据要求定时或随机地生成各种报表。比如，可以查找某个人在某段时间内所有的出入情况，某个门在某段时间内都有谁进出等，生成报表，并可以用打印机打印出来。

4）网间通信

系统不是作为一个单一的系统存在的，它要向其他系统传送信息。比如在有非法闯入时，要向电视监视系统发出信息，使摄像机能监视该处情况，并进行录像。所以，要有系统之间通信的支持。管理系统除了完成所要求的功能外，还应有美观、直观的人机界面，使工作人员便于操作。

5. 巡更系统

巡更系统的作用是在设防区域内的重要部位，确定保安人员巡逻路线，调协巡更站点。保安巡更人员携带巡更记录器，按指定的路线和规定的进间到达巡更点进行记录，将记录信息传送到安防管理中心，形成巡更数据库。管理人员可调阅、打印各保安巡更人员的工作情况，加强对保安人员的管理，从而实现人防与技防相结合的巡更系统。

巡更系统应具有以下功能：对巡更路线、时间的设定与修改；在设防重要部位安装巡更站点；编制保安人员巡查程序，在预先设定的巡更图中通过卡读出或用其他方式，对保安人员的巡查运动状态进行监控记录并在发生意外情况时及时报警；在安防管理中心可查阅、打印巡更人员的到位时间及工作情况，对巡更违规进行记录和提示。

巡更系统可独立设置，也可与出入口系统或入侵报警子系统联合设置。独立设置的保安人员巡更系统应能与安全防范系统的中央监控室联网，向管理中心提供决策所需的主要信息或进一步实现中央监控对该系统的集中管理和监控。

巡更系统可分为在线式和离线式两类。在线式一般多以与入侵报警系统设备共用的方式实现，可由入侵报警系统中的警报接收机与控制主机编程确定巡更路线，每条路线上有数量不等的巡更点。巡更点可以是读卡机或门锁，被视作一个设防区，巡更人员经过时，通过刷卡、按按钮、开锁等作为巡更信号，从而将巡更到达该处时间、动作等记录到系统中。同时在中央控制室，通过查阅巡更记录，可对巡更质量考核，从而有效地防止漏巡更，随意减少巡更点，变更巡更时间等行为。监控中心也可通过对讲系统或内部通信方式与巡更人员建立联系，随时查询。

新型的离线式电子巡更系统，采用感应识别的巡更手持机及非接触感应器。离线方式电子巡更系统使用灵活方便，既可进行巡更记录，也可作为巡更人员的考勤记录。

6. 停车场管理系统

建筑设计规范要求，大型建筑必须设计有相应数量停车位的停车库，建筑面积越大，停车位数越多。当停车库的车位数超过 50 个时，通常需要建立停车场管理系统，又称之为停车场自动化系统（Parking Automation System，PAS），以提高停车场的使用效率和进出车辆的安全性。

停车场管理系统的工作过程是，车辆驶近入口，可看到停车库信息显示屏，屏上显示车库内空余车位的情况，若停车满额，则显示库满字样，提示驾车人勿再进入。若未满，则可以进入，这时驾车人必须持停车卡经读卡机验读之后，入口电动栏杆才自动升起放行，当车辆驶过复位环形线圈感应器后，栏杆自动放下，在车辆驶入时，车牌摄像机将其车牌摄入，并送到车牌图像识别器，变成进入车辆的车牌数据，车牌数据与停车卡数据（卡的类型、编号、送库时间）一起存入系统的计算机内。进库车辆在指示灯的引导下，停入规定位置，这时车位检测器输出信号，管理中心的显示屏上立即显示该车位已被占用的信息。车辆离库时，汽车驶近出口，驾车人持卡经读卡机识读。此时，卡号、出库时间以及出口车牌摄像机摄取并经车牌图像识别器输出的数据一起送入系统的计算机内。进行核对与计费，然后从停车卡存储金额中扣出，最后，出口电动栏杆才升起放行。车出库后，栏杆放下，车库停车数减 1，入口处信息显示屏显示状态刷新一次。

7. 安全防范系统的管理与维护

（1）电视监视系统的维护

1）操作人员每天检查工作环境是否符合系统工作条件要求

① 气候环境条件：温度为 10～40℃；大气压为 101.33kPa（1±20％）；相对湿度为 40～90℃。

② 电源条件：内置自带 UPS，交流外电源为 220(1±10％)V，50Hz。

2）打开监视器

① 按 POWER 键，接通电源。

② 调节频率，直至画面清晰。

③ 锁定频道。

3）打开画面分割器

① 按 POWER 键，接通电源。

② 使分割器处于播放状态。

4）打开录像机

① 按 POWER 键，接通电源。

② 插入录像带，备用。

5）调整摄像头

① 按下控制器的 POWER 键，接通电源。

② 根据需要，将控制器打到自动或手动状态。

③ 检查画面质量、画面位置、调节焦距、亮度、对比度及上移、下移、左移、右移键，获得较好的画面质量及合理的画面位置。

（2）停车场管理系统的管理与维护

停车场管理系统的管理与维护内容见表 4-1。

停车场管理系统的管理与维护　　　　　　表 4-1

定期检查保养内容与要求	质 量 标 准
1. 每月 2 次检查，保养入口控制器	1. 出、入口控制机读卡功能有效，显示正确
2. 每月 2 次检查，保养出口控制器	2. 出入口道闸启闭灵活，车辆进出口联动正确
3. 每月 2 次检查，保养出入口道闸	可靠
4. 每月 2 次检查，保养主机功能	3. 主机设定、维护、查问、报表各项功能有效

4.1.3　楼宇对讲及门禁识别系统的维护与检修

楼宇保安对讲系统，亦称访客对讲系统，又称对讲机—电锁门保安系统。目前主要分为单对讲和可视对讲两种类型。从功能上看，又可分为基本功能型和多功能型，基本功能型只具有呼叫对讲和控制开门功能；多功能型具有通话保密、密码开门、区域联网、报警联网、内部对讲等功能。从系统线制上可大致分为多线制、总线多线制、总线制 3 种，如图 4-8 所示为总线制楼宇保安对讲系统示意图。

在总线多线制系统中，采用了数字编码技术，一般每一楼层设有一个解码器（又称楼层分配器），解码器与总线连接，解码器与用户室内机多线星形联结。因为采用了数字编码技术，系统配线数与系统户数无关，从而使安装施工大为简便，系统功能增强，但设备价格较高。

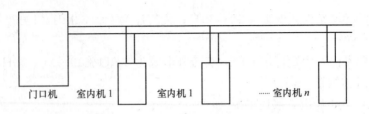

图 4-8　总线制楼宇保安对讲系统示意图

在总线制系统中，将解码电路设于用户室内机中，而把楼层解码器省去，整个系统更为安全，其功能更强。因为无楼层解码器，在系统配置和连接上更灵活，适应范围更广，安装施工非常简便。由于这种系统具有很多优越性，目前在智能化楼宇及各种建筑中使用越来越多。

1. 单对讲型系统

单对讲型系统一般由对讲系统、安全门、控制系统和电源组成。多数基本功能型对讲系统只有一台设于安全大门口的门口机；而一部分多功能型对讲机系统，除门口机外，还连有一台设于物管中心的管理员机（也称为主机）。在主机和门口机中，一般装有放大语言信号的放大电路和一个微处理机。单对讲系统一般具备以下功能。

1）主机（或门口机）呼叫住户。

2）住户呼叫主机。

3）几个住户同时呼叫主机。

2. 可视对讲型系统

楼宇可视对讲保安系统是对讲系统的发展趋势。随着人们生活水平的提高，住户已不满足于能和访客对话，还希望能同时看清访客的容貌和大门口的情景，所以可视对讲保安系统越来越受到人们的关注。尤其是摄像、显像技术的飞速发展，摄像机、监视器日趋小型化，生产成本也越来越低，这就为可视对讲保安系统的应用普及创造了条件。

可视对讲型保安系统一般由主机（室外机）、分机（室内机）、不间断电源、电控锁等组成。其对讲原理与单对讲型系统完全一样，只是在室外机上加装了一台摄像机，摄像机输出的视频信号由室外机内的视频信号放大器放大后，经视频传输线（一般是同轴电缆）送到各楼层接线盒内的视频分配器，再进入每一住户室内机中。室内机上有一个图像监视器，住户通过监视器可看见访客容貌及大门口情景。

3. 对讲系统、防盗系统的维护

1）维修保养工作应指定专人进行，其他人员不得随意拨动解码器开关，不得对主讲机箱开盖检测箱内元器件。

2）检查机箱电源电压是否合乎要求，紧固各电线接头，清扫机箱内外灰尘。

3）防盗门启闭机械装置要定期润滑，及时更换因疲劳原因而失去功能的零件。

4）每半年对整个系统的主机、线路、层楼解码进行一次检查。

5）进行建筑维修时，应避免对主机产生较大振动，并注意防止水流入主机箱内。

4. 小区智能设备巡视表（见表 4-2）

小区智能设备巡视表

表 4-2

小区名称		日期	时间	检查人员
项目名称		巡查项目	正常与否	检查情况
楼宇对讲	1	了解运行情况		
	2	呼叫		
	3	图像		
	4	开锁		
	5	自动闭门		
	6	其他		
电视监控	1	了解运行情况		
	2	图像画质		
	3	监控方位		
	4	录像功能		
	5	其他		
周界报警	1	了解运行情况		
	2	报警情况		
	3	其他		
巡更	1	了解运行情况		
	2	其他		
住户报警	1	了解运行情况		
	2	报警情况		
	3	其他		
道闸系统	1	了解运行情况		
	2	道杆起落		
	3	读卡		
	4	遥控		
	5	其他		
移动门	1	了解运行情况		
	2	开闭		
	3	遥控		
	4	其他		
小区管理人员巡视记录				
管理处经理签名确认				

4.1.4　通信系统的维护与检修

1. 电话通信系统

通信的目的是实现某一地区内任意两个终端用户间的信息交换。要达到这一目的，必须处理好 3 个问题：信号的发送和接收、信号的传输和信号的交换。

对于电话系统，它是由用户终端设备、传输系统和电话交换设备 3 大部分组成的。

（1）用户终端设备

用户终端设备的功能是用来完成信号的发送和接收。用户终端设备主要有电话机、传真机、计算机终端等。

（2）电话传输系统

电话传输系统按传输媒介分为有线传输（明线、电缆、光纤等）和无线传输（短波、微波中继、卫星通信等）。从建筑弱电来讲，主要为有线传输。有线传输按传输信息工作方式的不同又分为模拟传输和数字传输两种。模拟传输是将信息转换成与之相应大小的电流模拟量进行传输，普通电话就是采用模拟语音信息传输。数字传输则是将信息按数字编码方式转换成数字信号进行传输，数字传输具有抗干扰能力强、保密性高、电路集成化等优点，现在的程控电话交换就是采用数字传输各种信息。

在有线传输的电话通信系统中，有用户传输线路和中继线之分。用户线是指用户与交换机之间的线路。两台交换机之间的线路称为中继线。

（3）电话交换设备

在电话机刚发明时，它只能一对一地直接连接通话。但在实际使用时，除了在特定的两个电话用户之间能够通话之外，还要求在许多电话机之间，任意两台电话之间都能自由通话。但是如仍采用任意两台电话之间都设一对线的话，所需的线路对数将十分惊人，实际上亦无法接线。为了解决这个问题，就必须使用交换机。

最早出现的交换机是人工交换机，每台电话都有一对线接到交换机，交换工作由接线员来完成。任意两台电话机之间由接线员用塞子线进行连接。当两个用户通话完毕时，拔出塞子线，该塞子线就可用来为其他用户的通话服务。

电话交换机的发展经历了 4 个阶段，即人工交换机、步进制交换机、纵横制交换机和程控交换机，现在广泛采用的是程控交换机。所谓程控是指控制方式，它是把计算机的存储程序控制技术应用到电话交换设备中，这种控制方式是预先把电话交换功能编制成相应的程序，并把这些程序和相关的数据都存入存储器内。当用户呼叫时，由处理机根据程序所发出的指令来控制交换机的运行，以完成接续功能。

电话交换机按其使用场合可分为两大类，一类是用于公用电话网的大型交换机，如市话交换机和长途交换机。另一类是企事业单位内部进行电话交换的专用交换机，通常又称为小总机，或用户交换机。用户交换机一般容量不大，单位内部用户通话可不必绕经市话局，从而减轻市话局的话务负荷，缩短了用户线的距离；通过少量的出入中继实现单位内部用户和外部用户之间的话务交换，起到了话务集中的作用。

用户交换机有通用型和专用型。通用型用户交换机适用于以语音业务为主的单位，如机关、学校、工厂等。专用型交换适用于各种不同特点的单位，如旅馆型交换机，有长途电话即时计费、留言、客房状态、请勿打扰、自动叫醒、综合语音服务等功能。医院型交换机除具有旅馆型的功能外，还具有呼叫寄存、呼叫转移、病房紧急呼叫等。此外，还有办公室自动化型、银行型、专网型用户交换机。

2. 计算机网络系统

计算机网络是计算机技术与现代通信技术相结合的产物。计算机网络的定义是使分布在不同地理区域的计算机方便地互相传递信息，共享硬件、软件、数据信息等资源。通俗地说，网络就是通过电缆、电话线，或无线通信等互联的计算机的集合。

（1）计算机网络的功能

由计算机网络的定义可知，计算机网络是通信技术与计算机技术的结合，建立计算机网络的主要目的是实现在计算机通信基础上的"资源共享"，计算机网络具有如下几个方面的功能。

1）实现资源共享

所谓资源共享是指所有网内的用户均能享受网上计算机系统中的全部或部分资源，这些资源包括硬件、软件、数据等。

2）进行数据信息的集中和综合处理

将地理上分散的生产单位或业务部门通过计算机网络实现联网，把分散在各地的计算机系统中的数据资料适时集中，综合处理。

3）能够提高计算机的可靠性及可用性

在单机使用的情况下，计算机或某一部件一旦有故障便引起停机，当计算机联成网络之后，各计算机可以通过网络互为后备，还可以在网络的一些结点上设置一定的备用设备，作为全网的公用后备。另外，当网中某一计算机的负担过重时，可将新的作业转给网中另一较空闲的计算机去处理，从而减少了用户的等待时间，均衡了各计算机的负担。

4）能够进行分布处理

在计算机网络中，用户可以根据问题性质和要求选择网内最合适的资源来处理，以便能迅速而经济地处理问题。对于综合性的大型问题可以采用合适的算法，将任务分散至不同的计算机上进行分布处理。利用网络技术还可以将许多小型机或微型机连成具有高性能的计算机系统，使它具有解决复杂问题的能力。

5）节省软、硬设备的开销

因为每一个用户都可以共享网中任意位置上的资源，所以网络设计者可以全面统一地考虑各个工作站上的具体配置，从而达到用最低的开销获得最佳效果。如只为个别工作站配置某些昂贵的软、硬件资源，其他工作站可以通过网络调用，从而使整个网络费用和网络功能的选择控制在最佳状态。

（2）计算机网络系统的组成

计算机网络由硬件系统和软件系统组成。

1）网络硬件系统

组成局域网的网络硬件系统可分为 5 类：网络服务器、网络工作站、网络交换互联设备、防火墙及外部设备。

① 网络服务器

网络服务器是可被网络用户访问的计算机系统，它包括可为网络用户提供服务的各种资源，并负责对这些资源的管理，协调网络用户对这些资源的访问。网络服务器是局域网的核心，它既是网络服务的提供者，又是保存数据的基地。网络中可共享的资源大多集中在网络服务器中，如大容量磁盘或光盘存储器、网络数据库等，局域网上的用户可以通过服务器共享文件、数据库和外部设备等。按照提供的服务不同，网络服务器可分为 WWW 服务器、域名解析服务器、邮件服务器、文件服务器、数据库服务器和视频服务器等。

网络服务器可以是个人计算机（PC），也可以是工作站或小型计算机，由于服务器是为网络上的所有用户服务的，在同一时刻可能有多个用户同时访问服务器，因此充当服务器的计算机应具有较高的性能，包括较快的速度、较大的内存、较大容量的硬盘等，所以许多计算机生产厂家干脆就把可作为网络服务器的计算机称为网络服务器。

② 网络工作站

网络工作站是指能使用户在网络环境下进行工作的计算机，网络工作站现在经常被称为客户机。在局域网上一般都是采用微型计算机作为网络工作站，如 IBM 公司的 PC 系列微型计算机，APPLE 公司的系列微型计算机等。终端也可以用作网络工作站，但微型计算机可能更好。因为微型计算机除了可在网络上工作外，还可以不依赖于网络单独工作，并且还可以对其功能、配置等进行扩展，而终端只能在网络上工作，而且不具备更大的扩展余地。另外，终端运行的操作系统一般是 UNIX 或 Linux 等字符操作系统，与 Windows 操作系统系列不兼容，所以终端一般用于金融、科研等专用部门。

网络工作站的作用就是让用户在网络环境下工作，并运行由网络上文件服务器提供的各种应用软件。在局域网上服务器一般只存放共享数据或文件，而对这些信息或文件的运行和处理则是由工作站来完成的。

③ 网络交换互联设备

当要把两台或多台计算机连成局域网时，就需要交换互联设备。

它包括网络适配器、调制解调器、网络传输介质、中继器、集线器、网桥、路由器和网关等。

④ 防火墙

防火墙是内联网和互联网之间构筑的一道屏障，它是在内外有别及在需要区分处设置有条件的隔离设备，用以保护内联网中的信息、资源等不受来自互联网非法用户的侵犯。需要指出的是还有其他防火墙，如病毒防火墙、邮件防火墙等，它们与网络防火墙不是一回事。

⑤ 外部设备

外部设备是可被网络用户共享的、常用的硬件资源，通常情况下指一些大型的、昂贵的外部设备，如大型激光打印机、绘图设备、大容量存储系统等。

2）网络软件系统

计算机系统是在计算机软件的控制下进行工作的，网络软件是一种在网络环境下运行、控制和管理网络工作的计算机软件。一般来说，网络软件是一个软件包，它包括供服务器使用的网络软件和供工作站使用的网络软件两个部分，每一部分都包括多个程序。互相通信的计算机必须遵守共同的协议，因此网络软件必须实现网络协议，并在协议的基础上提供网络功能。

根据网络软件的作用和功能，可把网络软件分为网络系统软件和网络应用软件。网络系统软件是控制及管理网络运行和网络资源使用的网络软件，它为用户提供了访问网络和操作网络的人机接口。网络应用软件是指为某一个应用目的而开发的网络软件。

在网络系统软件中最重要的是网络操作系统，网络操作系统往往决定了网络的性能、功能、类型等。局域网上有很多种网络操作系统，目前使用最广泛的主要有 Microsoft 公司的 Windows、Novell 公司的 Netware、Banyan 公司的 VINES 以及 UNIX、Linux 等。

网络应用软件是利用应用软件开发平台开发出来的一些软件，如 Java、ASP、Per1/CGI、SQL 以及其他专业应用软件。

（3）计算机网络的分类

计算机网络分类的标准很多，可以从计算机网络的地理区域、拓扑结构、信息交换技术、使用范围等不同的角度，对计算机网络进行分类。从计算机网络的地理区域分类，可把计算机网络分为：局域网（Local Area Network，LAN）、区域网（Metropolitan Area Network，MAN）、广域网（Wide Area Network，WAN）。如果按照网络的拓扑结构分类，可以分为星形、环形、树形、总线型和混和型。按照使用范围可以分为公用网和专用网。按交换方式可以分为分组交换与报文交换。按通信方式可以分为点对点网络和广播式网络等。按网络的地理区域可以分成以下几类。

1）局域网

局域网作用范围小，分布在一个房间、一个建筑物或一个企事业单位内，其地理范围在 $10 \sim 1000 m$，传输速率在 $1 Mb/s$ 以上。目前常见局域网的速率有 $10 Mb/s$、$100 Mb/s$。局域网技术成熟、发展快，是计算机网络中最活跃的领域之一。

2）区域网

区域网作用范围为一个城市，地理范围为 5～10km，传输速率在 1Mb/s 以上。

3）广域网

广域网作用的范围很大，可以是一个地区、一个省、一个国家及跨国集团，地理范围一般在 100km 以上，传输速度较低（小于 0.1Mb/s）。

3. 电话通信系统的管理与维护

（1）电信系统的维护

电信系统的维护主要有以下几方面。

1）交换系统本身的维护

设置在总机室内的交换系统是连接外线和内线的核心设备。要减少系统故障，首先是保证这一核心设备的运转正常，现在的交换系统多为自动电话系统，要做到防尘、防振和防腐蚀性气体，并最好能使其维持在一定的温度和湿度范围内工作。

2）供电电源保障

一个电话通信系统一般应有交流—整流和蓄电池—直流的两路独立电源。两路电源的切换要方便，这样才可保障当某一供电系统发生故障也不会对电话通信户主产生较大的影响。

（2）机房工作人员操作程序

用户程控交换机的操作一般可分成机务操作和话务操作两部分。为了确保程控交换机的正常运行，通信部门的机务员和话务员都必须严格按照操作程序进行规范操作。

1）机务工作的操作程序

① 每日主动检测交换机、各个线路和其他硬件设备的工作情况，并认真翻阅交接记录。

② 接到用户或话务员的故障报告，应带好所需的工具，及时前往抢修，力争在最短的时间内排除故障，并认真做好记录。

③ 如遇故障一时无法排除，应立即逐级汇报，并积极做好配合工作。

④ 如遇电话局电缆或交换机硬、软件发生重大故障，应立即通知有关单位前来抢修，同时在记录本上做好详细记录（故障发生的时间、地点、原因、抢修时间、人员姓名等）。

⑤ 一切以集体利益为重，在工作中要做到相互配合，发挥各自特长，及时排除故障。

⑥ 定时完成业主或使用人的各项电信业务。

⑦ 每月一次对业主或使用人电话费进行打印结算，并随时接受电话费的查询工作。

2）话务工作的应急操作程序

① 如遇突发性停电，应转用停备蓄电池供电，以确保通信畅通，并及时向工程设备部门汇报，进行抢修。

② 如发现可疑电话，应迅速报告安全保卫部门，并做好监听记录。

③ 如发生火灾，应采取自救措施，并同时报告消防部门。

④ 如发生突发性机器故障，应及时抢修。

⑤ 如接到报警电话，应迅速按其性质转报各有关部门。

（3）程控交换机房的维护管理

完好的设备是优质服务的基础，电话通信部门的管理人员和操作人员要非常重视设备管理工作，要按照有关的制度要求，认真做好用户程控交换机的维护、管理。

1）用户程控交换机机房的工作制度

① 机房内应有人进行 24h 值班，值班人员应认真做好当班记录，并做好交接班工作。

② 严格遵守岗位职责和有关的各项规章制度。

③ 严禁与机房无关的人员进入机房，非本专业人员严禁操作、使用机房内的有关设备。

④ 严格遵循程控交换机机房的各项操作规程，按时完成周期检测，做好日常维护工作，确保程控交换机的正常运行。

⑤ 未经同意，不得随意修改各类管理数据。

⑥ 注意安全，避免发生人为故障。不得随意拆卸机器、设备零件，如遇较大故障，应及时逐级上报。

2）用户程控交换机机房的环境卫生制度

① 机房环境应保持在最佳条件下，即温度在 20～25℃，相对湿度在 20%～70%范围内。

② 严格控制机房内的极限条件，即温度在 10～40℃，相对湿度在 20%～80%范围内。

③ 机房的防尘要求为每年积尘应限制在小于 $10g/m^2$ 范围内。

④ 进入机房要在过滤门廊内换鞋以保证地面整洁。

⑤ 防静电地板要每天吸尘，绝对不能用扫帚清除。

![任务 5]

维护物业给水排水设备

过程 5.1 维护与检修物业给水排水系统

5.1.1 物业给水排水系统的认知

1. 小区给水系统的组成

根据居住小区城市管网压力情况和水源状况，小区给水系统可分为城市管网直接给水系统和水泵加压给水系统。如果小区采用独立水源供水，还应建设独立的取水、净水和配水工程。

小区给水系统由给水水源、计量仪表、接户管、小区支管、小区干管、加压设备和贮水设备等组成，如图 5-1、图 5-2 所示。

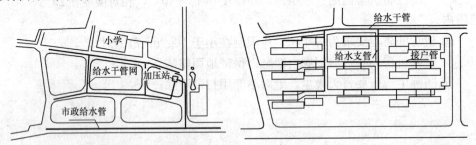

图 5-1 某小区给水干管布置图　　　图 5-2 某组团内给水支管和接户管布置图

1）接户管：指布置在建筑周围，直接与建筑物引入管和排出管相连接的给水排水管道。

2）小区支管：指布置在居住组团内道路下与接户管相连接的给水排水管道。

3）小区干管：指布置在小区道路或城市道路下与小区支管相连接的给水排水管道。

2. 小区给水方式

（1）城市管网直接给水

给水水压能满足的层数或设置屋顶水箱利用夜间水压调蓄供水时，可采用城市管网直接给水。

（2）小区集中或分散加压给水

当城市管网水压不能满足小区压力要求时，应采用小区加压给水方式，常见的有以下几种。

1）水池—水泵。

2）水池—水泵—水塔。

3）水池—水泵—水箱。

4）管道泵直接抽水—水箱。

5）水池—水泵—气压罐。

6）水池—变频调速水泵。

上述每种给水方式各有其特点，选择小区给水方式时，应充分利用城市给水管网的水压，优先采用直接给水方式。当采用加压给水时，也应充分利用城市给水管网的水压。

（3）小区给水系统的确定

小区给水系统分为生活给水系统和消防给水系统。对于低层和多层的居住小区，按消防规范要求可不设室内消防给水系统，小区多采用生活与生产共用的消防系统。多层和高层组合的居住小区应采用分区给水系统。

在高层建筑只有一幢或幢数不多，且供水压力要求差异较大的情况下，应在每一幢建筑单独设置水池和水泵增压给水系统。

若小区内若干幢高层建筑相邻，可分片共用一套水池和水泵的增压给水系统。

若小区全部是高层建筑，可集中设置一套水池和水泵增压给水系统。

选用供水系统时，应根据高层建筑的数量、分布、高度、性质和管理等情况，经技术经济比较确定。

3. 小区给水设计用水量

居住小区给水设计用水量包括居民生活用水量、公共建筑用水量、绿化用水量、水景和娱乐设施用水量、道路和广场用水量、公用设施用水量、未预见用水量、管网漏失水量、消防用水量。

居民生活用水量指日常生活所需的饮用、淋浴、洗涤及冲洗便器等用水。

公共建筑用水是指医院、学校、公共浴室、旅馆、洗衣房及影响剧院等较大用水量的公共建筑用水，其用水量标准按建筑给水排水设计规范确定。

管网漏水量包括室内卫生器具、水箱和管网漏水量。未预见水量包括用水量定额的增加、临时施工用水量、外来人口临时用水量等。两者可按最高日用水量的 10%～20% 计算。

消防用水量包括室内消防用水量和室外消防用水量，消防用水量仅用于校核管网计算，不属正常用水量。

4. 小区给水加压站

小区给水加压站应在居住小区单独设置，可与小区热力站合建，但其设备应

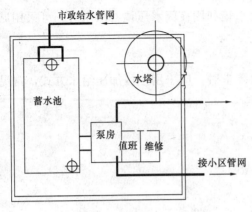

图 5-3 某小区给水加压站布置图

相互独立，并单独管理。小区给水加压站和城市给水加压站的功能相似，但规模较小，一般由泵、蓄水池、水塔和附属建筑等组成，如图 5-3 所示。

小区加压站一般选择半地下式、矩形、自灌式泵房。泵房内由水泵机组、动力设备、吸水和压水管路及附属设备等组成。

泵房内的水泵多选用离心泵，扬程高的可选用多级离心泵，隔振消音要求高时，可选用立式离心泵。当加压站同时担负消防给水任务时，水泵的流量应按生活给水量和消防给水量之和考虑。

水池、水塔或高位水箱的有效容积按生活用水调节水量、安全储水量和消防水量考虑。

5. 小区给水管道的布置与敷设

小区给水管道包括小区给水干管和组团内的小区支管及接户管。一般定线原则为：先按小区干道布置给水干管，然后在小区组团布置小区支管及接户管，可参见图 5-1 和图 5-2，并符合以下要求。

1) 小区的给水管网宜布置成环状或与城镇给水管道连成环网；小区支管和接户管可布置成支状。小区支管一般不宜布置在底层住房的庭院内。

2) 给水管道应尽量敷设在人行道下，以便于检修和减少对道路交通的影响。给水管道宜与道路中心或与主要建筑物的周边呈平行敷设，并尽量减少与其他管道的交叉。

3) 给水管道与建筑物基础的水平净距，管径为 $DN100\sim1500mm$ 时，不宜小于 1.5m；管径为 $DN20\sim75mm$ 时，不宜小于 1.0m。生活给水管道与污水管道交叉时，给水管道应敷设在污水管道上面，且不应有接口重叠；当给水管道敷设在污水管道下面时，给水管道的接口离污水管的水平净距不宜小于 1.0m。

4) 室外给水管道的覆土深度，应根据土层冰冻深度、地面荷载、管材强度及管道交叉等因素确定。当埋设在冰冻地区时，在满足上述要求前提下，管径 $DN\leqslant300mm$ 时，管底埋深应在冰冻线以下（$DN+200$）；当埋设在非冰冻地区机动车道下时，金属管道覆土厚度不小于 0.7m；非金属管道覆土厚度为 $1.0\sim1.2m$。若在非机动车道路下或道路边缘地下，覆土厚度为：金属管道覆土不宜小于 0.3m，塑料管道不宜小于 0.7m。

5) 输送生活用水的管道应采用塑料管、复合管、镀锌钢管或给水铸铁管。塑料管、复合管或给水铸铁管的管材、配件，应是同一厂家的配套产品。消防水泵接合器及室外消火栓的安装位置、形式必须符合设计要求。

6) 架空或在地沟内敷设的室外给水管道其安装要求按室内给水管道的安装要

求执行。塑料管道不得露天架空敷设，必须露天架空敷设时应有保温和防晒措施。

7）给水管道在埋地敷设时，应在当地的冰冻线以下，若必须在冰冻线以上敷设时，应做可靠的保温防潮措施；在无水冰冻地区，埋地辐射时，管顶的覆土埋深不得小于 500mm，穿越道路部位的埋深不得小于 0.7m。给水管道不得直接穿越污水井、化粪池、公共厕所等污染源。

8）管道进口法兰、卡扣、卡箍等应安装在检查井或地沟内，不应埋在土层中。给水系统各种井室内的管道安装，如设计无要求，井壁距法兰或承口的距离为：管径小于或等于 450mm 时，不得小于 250mm；管径大于 450mm 时，不得小于 350mm。

9）管网必须进行水压试验，试验压力为工作压力的 1.5 倍，但不得小于 0.6MPa。管材为钢管、铸铁管时，试验压力下 10min 内压力降不应大于 0.05MPa，然后降至工作压力进行检查，压力应保持不变，不渗不漏；管材为塑料管时，试验压力下，稳压 1h 压力降不大于 0.05MPa，然后降至工作压力进行检查，压力应保持不变，不渗不漏。

10）镀锌钢管、钢管的埋地防腐必须符合设计要求。卷材与管材间应粘贴牢固，无空鼓、滑移、接口不严等现象。给水管道在竣工后，必须对管道进行冲洗，饮用水管道还要在冲洗后进行消毒，满足饮用水卫生要求。

11）管道的坐标、标高、坡度应符合设计要求及管道安装的允许偏差。

12）管道和金属支架的涂漆应附着良好，无脱皮、气泡、流淌和漏涂的等缺陷。管道连接应符合工艺要求，阀门、水表等安装位置应正确。塑料给水管道上的水表、阀门等设施的重量或启闭装置的扭矩不得作用于管道上，当管径≥50mm 时，必须设独立的支撑装置。

13）给水管道与污水管道在不同标高处平行敷设，其垂直间距在 500mm 以内时，管径小于或等于 200mm 的给水管道，其管壁水平间距不得小于 1.5m；管径大于 200mm 的给水管道，其管壁水平间距不得小于 3m。

14）消防水泵结合器和消火栓的位置应明显，栓口的位置应方便操作。消防水泵结合器和室外消火栓采用墙壁式时，如果设计未要求，进、出水栓口的中心安装高度距地面应为 1.10m，同时，其上方应设有防坠落物打击的措施。

15）室外消火栓和消防水泵结合器的各项安装尺寸应符合设计要求，栓口安装高度允许偏差为±20mm；地下式消防水泵结合器顶部进水口或地下式消火栓的顶部出水口与消防井盖底面的距离不得大于 400mm，同时，井内应有足够的操作空间，并设爬梯。寒冷地区井内应做防冻保护层。消防水泵结合器的安全阀及止回阀安装位置和方向应正确，阀门启闭应灵活。

16）设在通车路面下或小区管道路下的各种井室，必须使用重型井圈和井盖，井盖上表面应与路面相平，允许偏差为±5mm。绿化带上和不通车的地方可采用轻型井圈和井盖，井盖上表面应高出地坪 50mm，并在井口周围以 0.02 的坡度向外做水泥砂浆的护坡。

17）管沟的坐标、位置、沟底的标高应符合设计要求，管沟的基层处理和井室的地基必须符合设计要求。管沟的沟底层应是原土层，或是夯实的回填土，沟底应平整，坡度应顺畅，不得有坚硬的物体、石块等。如沟基为岩石、不易消除的石块或砾石层时，沟底应下挖 100~200mm。填铺细砂或粒径不大于 5mm 的细土，直到沟底标高后，方可进行管道敷设。

18）管沟回填土，管顶上部 200mm 以内应用砂子或无块石及冻土块的土，并不得用机械回填；管顶上部 500mm 以内不得回填直径大于 100mm 的块石和冻土块；500mm 以上部分回填土中的块石或冻土不得集中。上部机械回填时，机械不得在管沟上行走。

6. 小区排水系统的种类与组成

（1）直接排入城市排水管网的排水系统

若小区排水能靠重力流排入城市小水管道，可采用此种排水系统。该排水系统由接户管、小区排水支管、小区排水干管、雨水口、排水检查井和化粪池等组成。

（2）设有排水提升设施的排水系统

排水在管道中依靠重力从高处向低处流。当坡度大于地面坡度时，管道的埋深随着管线的延长会越来越大，小区排水排入管道就越困难，地形平坦的地区更为突出。为降低工程造价、减小埋深，应设置污水或雨水提升泵房。

（3）没有污水处理站的排水系统

若小区污水不能进入城市污水处理厂进行处理，为使污水能达标排放，则必须设置集中污水处理站或局部处理机构筑物，如化粪池、隔油池、降温池等。

7. 小区排水体制

小区排水体制的选择，应根据城市排水体制及环境保护等因素进行综合比较，进而确定采用分流制或合流制。

（1）分流制

分流制是指生活污水管道和雨水管道分别采用不同管道系统的排水方式。

（2）合流制

合流制是指同一管渠内接纳生活污水和雨水的排水方式。

分流制排水系统中，雨水由雨水管渠系统收集就近排入水体或城市雨水管渠系统；污水则由污水管道系统收集，输送到城市或小区污水处理厂进行处理后排放。根据环境保护要求，新建居住小区一般采用分流制系统。

小区内排水需要进行中水回用时，应设分质分流排水系统，即粪便污水和生活废水（杂排水）分流，以便将杂排水（废水）收集作为中水原水。

8. 小区排水提升设备和附属构建物

（1）排水提升设备和污水集水池

小区排水靠重力自流排除有困难时，应考虑设置污水提升泵和污水集水池。设置排水泵房时，尽量单独建造，且距建筑物 25m 左右，以免污水、污物、臭气、噪声等对环境产生影响，同时应有卫生防护隔离带。

污水泵房机组的设计流量按最大时流量计算，雨水泵房机组的设计流量按雨水管道的最大进水流量计算。水泵扬程根据污、雨水提升高度和管道水头损失及自由水头计算确定，自由水头可采用1.0m水柱。

污水泵尽量选用立式污水泵、潜水污水泵。雨水泵尽量选用轴流式水泵，且不少于两台，以适应雨水量变化的需要。

污水集水池的有效容积根据污水量和水泵性能情况确定，一般不小于最大一台泵5min的出水量；雨水集水池容积不考虑调节作用，按泵房中最大一台泵30s出水量计算。

（2）附属构筑物

污水排放应符合《污水综合排放标准》和《污水排入城市下水道水质标准》规定的要求，即达标排放。若小区内的污水排放不能达标，必须进行局部处理，甚至进行生物处理才能排入城市下水道，小区常见的局部构筑物有如下几种。

1）排水检查井。用于疏通和衔接排水管道。设在排水管道转弯处、管道交汇处、坡度改变处等地方。

2）雨水口。用于收集、排除地面雨水。

3）化粪池。用于截留生活污水中的粪便，使污泥在池中发酵腐化，污水排入城市排水管道。要求距建筑物外墙不小于5m，且与小区排水支管相连。

4）隔油池。用于去除食堂、厨房等污水中的生物和植物油（易燃物）。

5）降温池。当排放污水的温度超标时，给污水降温。

9. 小区排水管道的布置与敷设

（1）小区污水管道的布置

排水管道宜沿道路和建筑物的周边呈平行布置，路线最短，减少转弯，并尽量减少相互间及与其他管线、河流及铁路间的交叉；检查井间的管段应为直线。

管道与铁路、道路交叉时，应尽量垂直于路的中心线；干管应靠近主要排水建筑物，并布置在连接支管较多的一侧；管道应尽量布置在道路外侧的人行道或草地下面，不允许平行布置在铁路下面和乔木下面；应尽量远离生活饮用水给管道。如图5-4所示。

敷设污水管道，要注意在安装和检修管道时，不应互相影响；管道损坏时，管内污水不得冲刷侵蚀建筑物以及构筑物的基础和污染生活饮用水管道；管道不得因机械振动而被破坏，也不得因气温降低而使管内水流冰冻；污水管道及合流制管道与生活给水管道交叉时，应敷设在给水管道下面。

排水管在车行道下最小覆土深度不宜小于0.7m；生活排水

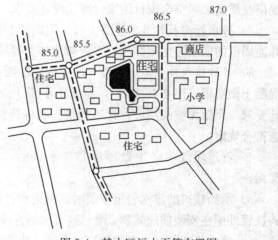

图5-4 某小区污水干管布置图

管道最小覆土深度不宜小于 0.3m；生活排水管道管底可埋设在土层冰冻线以上 0.15m。

（2）小区雨水管道的布置

雨水管道在平面布置上应尽量利用自然地形坡度，以最短距离靠重力流入水体或城市雨水管道。雨水管道应平行道路敷设且布置在人行道或花草地带下，以免积水时影响交通或维修管道时破坏路面。

雨水口是收集地面雨水的构筑物，雨水口布置不当会造成地面雨水不能及时排除或低洼处形成积水。雨水口应布置在道路交汇处、建筑物单元出入口或雨水水落管附近、建筑物的前后空地和绿地的低洼处。雨水口沿道路布置间距一般为 20~40m，雨水口连接管长度不超过 25m。

小区内雨水管道布置如图 5-5 和图 5-6 所示。

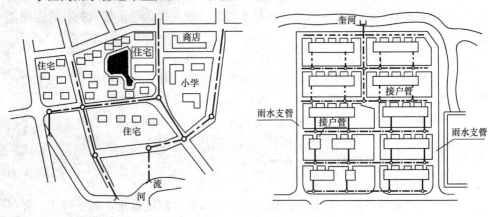

图 5-5　某小区雨水干管布置图　　图 5-6　某小区内雨水支管和接户管布置图

（3）小区排水管道系统的敷设

以下为小区排水管道系统敷设的具体要求。

1）室外排水管道应采用混凝土管、钢筋混凝土管、排水铸铁管或塑料管，其规格及质量必须符合现行国家标准及设计要求。

2）排水管沟及井池的土方工程、沟底的处理、管道穿井壁处的处理、管沟及井池周围的回填等均须参照给水管沟及井室的规定执行。

3）各种排水井、池应按设计给定的标准图施工，各种排水井和化粪池均应用混凝土做底板（雨水井除外），厚度不小于 100mm；排水管道的坡度必须符合设计要求，严禁无坡或倒坡；管道的坐标和标高应符合设计要求，安装的允许偏差应符合规定。

4）管道埋设前必须做灌水和通水试验，排水应畅通，无堵塞，管接口无渗漏。

5）承插接口的排水管道安装时，管道和管件的承口应与水流方向相反。排水铸铁管外壁在安装前应除锈，涂二遍石油沥青漆。

6）排水检查井、化粪池的底板及进、出水管的标高，必须符合设计要求，其允许偏差为±15mm。井、池的规格、尺寸和位置应正确，砌筑和抹灰应符合要求；井盖选用应正确，标志应明显，标高应符合设计要求，管基的处理和井池的地板强度必须符合设计要求。

7）污水局部处理构筑物。当建筑内污水未经处理不允许排入市政排水管网和水体时，须设污水局部处理构筑物，如化粪池、隔油池及降温池等。

5.1.2 维护与检修物业的给水系统

1. 加强档案资料管理、完善规章制度

在给水系统的维护与管理过程中，应对有关施工图纸、给水工程竣工验收资料、给水设施设备资料和系统加压及运行记录等给水系统资料进行归类，并妥善保管。

同时，要建立健全各项规章制度，明确物业管理人员的分工和职责，建立奖罚分明的奖惩体制；应定期检验水箱或水池的水质，若水质不符合国家《生活饮用水卫生标准》，则应立即检查消毒设备，不能正常工作的消毒设备应进行修理或更换，若是水箱污染造成的水质变坏，则应清洗水箱；定期检查给水系统中的各个阀门，看其是否启闭自如，能否起到控制作用，及时更换失灵的阀门，并对阀门清洗加油；定期对系统进行全面的外观检查，看管道有无腐蚀，连接是否严密，支（托）架及管卡等是否牢固；维修人员应经常对管辖区的给水系统进行巡视，根据地面有无潮湿渗水以判断埋地管道是否漏水；检查室内各种管道有无漏水、滴水现象；检查各种设备运行是否正常。

另外，应设立报修电话和报修信箱，对用户报修的问题，应在规定的时限内予以解决。为了解设备的运行情况和规律，总结运行中容易出现的问题，应对设备运行情况记录、系统检修记录、巡回检查记录等资料予以保存，以掌握给水系统的运行、维修和更新情况，方便管理。同时应积极开展宣传教育活动，使用户正确使用给水设备、掌握简单的维修知识及如何节约用水等常识。

2. 给水系统常见故障的处理

给水系统常见故障处理方法如下。

1）水质污染。若出水浊度超标，应检查水箱盖是否盖严，通气管、溢流管管口网罩是否完好，水箱内是否有杂质沉淀，埋地管道是否有渗漏现象等；若细菌总数或大肠菌群数超标，还应检查消毒器的工作情况，检查水箱排水管、溢流管与排水管道是否有空气隔断，是否造成了回流污染；若出水含铁量超标，一般是因钢制顶板或四壁防腐层脱落造成的。除上述水质污染现象外，还可能存在其他水质指标不合格的情况，此时可以请卫生防疫站、自来水公司等帮助查找原因，制定解决办法。当用户发现出水混浊或带色时，可能是由于水箱清洗完毕初期放水或水在管道中的滞留时间过长造成的，如果水的色度长时间超标，应对水质进行检测。

2）给水龙头主流量过小或过大。给水流量过大过急、水流喷溅的现象往往是由于建筑底层超压所致，可加减压阀或节流阀来调节；出流量过小往往是建筑上

面几层用水高峰期水压不足所致，可调节上下层阀门来解决，若出流量极小，可考虑提高水泵扬程或在水箱出水管上安装管道泵。

3）管道和器具漏水。管道接头漏水是由于管材、管件质量低劣或施工质量不合格造成的。因此，竣工验收时，要对施工质量和管材严格检查，发现问题及时解决，换上质量合格的管件，螺旋升降式水龙头是以前普遍使用的配水龙头，其漏水的主要原因是龙头内的皮垫磨损、老化，发现漏水应及时更换皮垫，亦可更换节水又能防漏的新型不锈钢制的陶瓷磨片式水龙头。目前，在装修档次不高的建筑中，进户阀门一般为铁制阀门，只有在出现问题时才偶尔使用，故大多数锈蚀严重，一般不敢轻易去拧，否则要么拧不动，要么拧后关闭不严产生漏水。防止阀门损坏漏水的措施是：建议用户每月开关一次阀门，并使阀门周围保持清洁；若阀门损坏应及时维修或彻底更换优质阀门，如铜质隔膜阀等。埋地管道发生漏水后表现为地面潮湿渗水，其原因一般是管道被压坏或管道接头不严所致，发生后应及时组织修理。

4）屋顶水箱溢水或漏水。屋顶水箱溢水是由于进水控制装置或水泵失灵所致。若属于控制装置的问题，应立即关闭水泵和进水阀门进行检修；若属于水泵启闭失灵问题，则应切断电源后再检修水泵。引起水箱漏水的原因是水箱上的管道接口发生问题或是箱体出现裂缝所致，可从箱体或地面浸湿的现象中发现，应经常巡视，及时发现和处理问题。

5.1.3　维护与检修物业的排水系统

1. 排水系统的日常维护

日常维护排水系统时，首先要加强档案管理工作，对排水系统的各种档案资料进行归类并妥善保管，如排水系统设计图纸、安装要求、竣工验收资料、排水试验记录等，以便在系统出现故障时，及时查资料，及时检修，减少故障损失。其次要健全相关规章制度，如岗位责任制度、奖罚制度、定期检修与巡检制度、报修登记制度等，以便及时解决室内排水管道和卫生器具出现的问题。最后还要积极开展宣传教育活动，向用户宣传有关排水系统正常工作和正确使用的知识，提醒用户不得擅自改动排水管道及排水器具的位置，更不能将易堵塞管道的杂物排入下水管道等。

2. 室内排水系统的管理内容

教育小区居民不要把杂物投入下水道，定期对排水系统进行养护与清通；定期检查排水管道是否有生锈或渗漏等现象，发现隐患及时处理；定期检查和清扫室外排水沟渠中的淤泥和杂物，检查楼板、墙壁、地面等处有无滴水、渗水、积水等异常现象，有问题及时修理，以防损伤建筑物和影响室内卫生；每周应对厕所、盥洗室和厨房等卫生设施和管道比较集中的地方作重点检查，并注意管道的防腐涂料是否完好，大小便池是否经常冲洗及用水房间地面是否干净。

3. 室内排水系统常见故障的处理

排水系统堵塞是室内排水系统常见的故障。排水系统堵塞会造成排水不畅，严重时会在地漏、水池、便器等处溢水。堵塞的原因多为建筑施工或用户装修时将杂物掉进下水道，停留在管道拐弯处或排水管末端。修理时，可根据具体情况，判断堵塞物的位置，在靠近的检查口、清扫口、屋顶通气管等处，采用人工或机械清通。

便器水箱漏水主要是由于进水浮球阀关闭不严或采用了不合格的配件所致。所以，应采用国家推荐的合格产品。

排水管道漏水主要是由于管道接头不严造成的，可采取更换接口垫或涂密封胶来解决。

过程 5.2 维护物业小区消防给水系统

5.2.1 物业小区消防给水系统的认知

1. 消防系统的分类

（1）按系统的构成和功能的不同分类

消防系统按系统构成和功能可分为如下几类。

1）室外消火栓给水系统

室外消火栓给水系统设置在建筑物外部，一般在建筑小区内设置。室外消防系统既可供消防车取水，又可由消防车经水泵结合器向室内消防系统供水，增补室内的消防用水量不足，进行控制和扑救火灾。

2）室内消火栓给水系统

室内消火栓给水系统是建筑物内部设置的消防给水系统，主要靠室内消火栓、消防卷盘进行灭火。

3）自动喷水灭火系统

自动喷水灭火系统是建筑物内部的能够自动探测火灾情况，并自动控制系统喷水灭火的消防系统。

（2）按消防给水压力的不同分类

消防系统按消防给水压力可分为如下 3 类。

1）高压消防给水系统

在高压消防给水系统中，管网内经常保持足够的消防用水量和水压，并且当水枪布置在任何建筑物最高处时，水枪充实水柱仍须不小于 10m。这种系统内部水压高，需要耐高压材料设备，维修管理费用较高，耗电量大。

2）临时高压消防给水系统

管网内平时水压不高，在泵站内设置高压消防水泵，平时可以低压供水，一旦发生火灾，立刻启动消防泵，临时加压使管网内的压力达到高压消防给水系统的压力要求。

3）低压消防给水系统

低压消防给水系统管网内的压力较低，一般为生活用水压力。火灾发生时，水枪所需要的压力，由消防车或其他加压水泵形成，这种系统一般在小区内使用。

（3）按灭火剂的不同分类

消防系统按灭火机理不同可分为以水、二氧化碳、蒸汽、干粉、泡沫及卤代烷为灭火剂的消防系统。

2. 消防系统的组成

（1）消防供水水源

消防供水水源有以下几种。

1）市政给水管网

一般室外有生活、生产、消防给水管网，可以供给消防用水，在消防过程中应优先选用这种水源。

2）天然水源

天然水源包括地表水和地下水两大类，选用天然水源时应先选用地表水。一般情况下，当天然水源丰富，可确保枯水期最低水位时的消防用水量，且水质符合要求并离建筑物距离较近时，可以选用天然水源。

3）消防水池

供消防车取水的消防水池，保护半径不应大于150m；供消防车取水的消防水池应保证消防车的吸水高度不超过6m；室外消防水池距被保护建筑物的外墙的距离不宜小于5m，且不宜大于100m；消防用水与生产、生活用水合并的水池，应有确保消防用水不做他用的技术设施；寒冷地区的消防水池应有防冻设施。

（2）消防供水设备

消防供水设备主要包括消防水箱、消防水泵、消火栓、自动喷水设备及水泵接合器等。

（3）消防给水管网

消防给水管网主要由进水管、水平干管、消防立管等组成。

3. 消火栓给水系统的组成

消火栓给水系统一般由水枪、水带、消火栓、消防卷盘、消防管网、消防水池、高位水箱等组成。

（1）消火栓设备

消火栓设备由消防龙头、水带、水枪组成，且均安装在消火栓箱内。

1）水枪

水枪为锥形喷嘴，喷嘴口径有13mm、16mm和19mm，水枪的材质一般为铝合金。低层建筑的消火栓可选用13mm或16mm口径的水枪，高层建筑消火栓可以选用19mm口径水枪。

2）水龙带

水龙带一般由麻线或化纤材料制成，可以衬在橡胶里，口径有 50mm 和 65mm 两种，长度有 15mm、20mm、25mm 和 30mm 四种。

3）消火栓

消火栓分单出口及双出口两种。单出口龙头直径有 50mm 和 65mm 两种，双出口龙头的直径为 65mm。

（2）消防卷盘

消防卷盘由阀门、软管、卷盘、喷枪等组成，并能够在展开卷盘的过程中喷水灭火。消防卷盘一般设置在走道、楼梯口附近明显处易于取用的地点，既可以单独设置，也可以与消火栓设置在一起。

（3）水泵接合器

水泵接合器是使用消防车从室外水源取水，向室内管网供水的接口。它的作用是当室内管网供水不足时，可以通过接合器用消防车加压供水给室内管网，补充消防用水量的不足。它分为地上式、地下式、墙壁式 3 种。一般设置在消防车易于接近、便于使用、不妨碍交通的明显地点。

（4）消防管道

单独设置的消防系统给水管道一般采用非镀锌钢管或给水铸铁管。消防系统与生活、生产给水系统合用时，采用镀锌钢管或者给水铸铁管。

（5）消防水箱

消防水箱按使用情况分为专用消防水箱，生活与消防共用水箱和生活、生产、消防共用水箱 3 种。底层建筑室内消防水箱（包括水塔、气压水罐）是贮存扑救初期火灾消防用水的贮水设备，它提供扑救初期火灾的水量和保证扑救初期火灾时灭火设备有必要的水压。水箱的安装应设置在建筑的最高部位，且应为重力自流式水箱。室内消防水箱应贮存 10min 的消防用水量。

（6）消防水池

消防水池是人工建造的储存消防用水的构筑物，是天然水源、市政给水管网的一种重要补充手段。根据各种用水系统对水质的要求是否一致，可将消防水池与生活或生产贮水池合用。

4. 消火栓及管道的布置

（1）消火栓的布置

消火栓布置要求如下。

1）室外消火栓的布置

室外消火栓有地上式和地下式两种。在我国南方气候温暖的地区可采用地上式或地下式消火栓；在北方寒冷地区宜采用地下式消水栓；室外地下式消火栓应有直径为 100mm 和 65mm 的栓口。室外消火栓应沿道路设置，道路宽度超过 60m 时，宜在道路两边设置消火栓，并靠近十字路口；消火栓距路边不应超过 2m，距房屋外墙不宜小于 5m；室外消火栓应设置在便于消防车使用的地点；室外消火栓应沿高层建筑周围均匀布置，并不宜集中布置在建筑物一侧；人防工程室外消火栓距人防工程出入口不宜小于 5m；停车场室外消火栓宜沿停车场周边设置。室外消火栓的保护半径不应超过 150m，间距不应超过 120m；在市政消火栓保护半径 150m 以内，如果消防水量不超过防车 15L/s，可不设室外消火栓。

2）室内消火栓的布置

室内消火栓应设置在建筑物中经常有人通过、明显的地方，如走廊、楼梯间、门厅及消防电梯旁等处的墙龛内，龛外应装有玻璃门，门上应标有"消火栓"标志，平时封锁，使用时击破玻璃，按电钮启动水泵，取水枪灭火。室内消火栓的布置，应保证有两支水枪的充实水柱同时到达室内任何部位，在任何情况下，均可使用室内消火栓进行灭火。

3）消火栓的设置范围

消火栓的设置应满足以下要求。

① 高度不超过 24m 的厂房、车库和高度不超过 24m 的科研楼（存有与水接触能引起燃烧、爆炸或助长火势蔓延的物品除外）。

② 超过 800 个座位的剧院、电影院、俱乐部和超过 1200 个座位的礼堂、体育馆。

③ 体积超过 5000m³ 的车站、码头、机场建筑物，以及展览馆、商店、病房楼、门诊楼、图书馆、书库等建筑物。

④ 超过 7 层的单元式住宅、超过 6 层的塔式住宅，通廊式住宅、底层设有商业网点的单元式住宅。

⑤ 超过 5 层或体积超过 1000m³ 的教学楼及其他民用建筑。

⑥ 国家级文物保护单位的重点砖木或木结构古建筑。

⑦ 人防工程中使用面积超过 300m² 的商场、医院、旅馆、展览厅、旱冰场、体育场、舞厅、电子游艺场等；使用面积超过 450m² 的餐厅、丙类和丁类生产车间及物品库房；电影院、礼堂；消防电梯前室；停车库、修车库。

⑧ 高层民用建筑必须设置室内消防给水系统，除无可燃物的设备层外，主体建筑和裙房各层均应设室内消火栓。

4）消火栓栓口安装

栓口离地面高度不大于 1.1m；栓口出水方向宜向下或与设置消火栓的墙面垂直。

（2）消火栓系统管道的布置

低层建筑，除有特殊要求设置独立消防管网外，一般都与生活、生产给水管网结合设置；高层建筑室内消防给水管网应与生活、生产给水系统分开独立设置。

1）引入管

室内消防给水管网的引入管一般不小于两条，当一条引入管发生故障时，其余引入管应仍能保证消防用水量和水压。

2）管网布置

为保证供水安全，一般采用环式管网供水，保证供水干管和每条消防立管都能做到双向供水。

3）消防竖管布置

布置消防竖管时应保证同层相邻两个消火栓的水枪充实水柱能同时达到被保护范围内的任何部位。每根消防竖管的直径不小于100mm，消防竖管不应通过危险区域，应设置在可以防止机械破坏和火灾破坏的地方。

5.2.2　检查与维护物业小区的消防给水系统

1. 建筑消防给水系统维护管理

（1）室内消火栓给水系统的维护管理

宜每月进行一次巡检，主要检查消火栓系统各组成部件的外观完好性，如消火栓箱及箱内配装的消防部件的外观都应无破损、涂层无脱落、箱门玻璃完好无缺。并随机抽检占总数量5%～10%的部件的功能完好性，如按消火栓报警按钮后，消防控制中心就应有正确的报警显示。

消火栓箱平时应保持清洁、干燥，防止锈蚀、碰伤或其他损坏。每半年（或按当地消防监督规定）进行一次全面的检查维修。检查要求如下。

1）消火栓箱内无渗漏现象。

2）消防水枪、水龙带、消防卷盘及全部附件应齐全良好，卷盘转动灵活。重要部位的消火栓要通水检查。其他部位的消火栓应将水龙带连接水枪、水栓，展开水龙带进行检查。所有栓内阀门都要开闭一次，检查灵活性，并清除阀口附近锈渣，在阀杆上油除锈。

3）逐一检查所有的报警按钮，指示灯及控制线路要求其工作正常，无故障。

4）应对消火栓、供水阀门及消防卷盘等所有部件转动部位定期加注润滑油。因各地气候有所差异，可每季度一次。

（2）自动喷水灭火系统的维护管理

自动喷水灭火系统自动化程度高，对管理水平有一定要求，物业管理企业要确定负责系统维护管理的专职人员，在取得相关培训合格证后，负责进行各种检查和维护保养工作。

1）状态检查

对组成系统的喷头、报警调节阀、闸阀、报警控制器、附件、管网接头等所有部件，每日均应作外观巡视检查，看是否有损坏、锈蚀、渗漏、启闭位置不当等情况存在，如发现异常应立即采取适当的维修、校正措施，使其恢复完好状态。这种检查不仅仅针对自动喷水系统，对各种消防系统都适用。

巡视检查需要注意的是，系统的一切给水阀应用铅封固定在开启或规定的状态，且阀门应编号，挂上标牌，保证阀门不被误关闭，供水管路随时畅通。

2）功能检查

功能检查是指应按照各类系统的自身特性，在不同的时间段内进行系统功能动态模拟测试，包括以下内容。

① 每年对水源供水能力进行一次测定，保证消防所需水量、水质、水压。储存消防用水的水池、消防水箱、气压水罐，每月检查一次，主要核对水位和气压

罐的气体量，每年维修一次，对渗漏进行修补和重新油漆。

② 消防水泵、水泵结合器及其附件应每月使用运行一次。若采用自动控制时，应模拟自动控制参数进行启动运转，每次运转时间宜为 5min。并利用报警阀旁的泄放试验阀进行一次供水试验，验证系统供水能力。

③ 每 2 个月应对水流指示器进行一次功能试验，利用管网末端试水装置排水，此时，水流指示器应动作，消防控制中心应有信号显示。

④ 每月对喷头进行一次细致的外观检查。喷头外表应清洁，尤其是感温元件部分；对轻质粉尘可用空气吹除或用软布擦净；对含油污垢的喷头应将其分批拆换，集中清理；对破损者应及时更换。

各种喷头应保持一定的备用量，建筑物内喷头数量小于 300 个时，喷头备用量不少于 6 个；装有 300～1000 个时，不少于 12 个；装有 1000 个以上时，不少于 24 个。

⑤ 每个季度应对报警阀进行一次功能试验。检查时，打开系统放水阀放水，报警阀瓣开启，延时器底部有水排出，并延时 5～90s 内报警；水力警铃应发出响亮的报警声，压力开关应接通电路报警，消防控制中心有显示，并应启动消防水泵。

⑥ 每年应对消防系统进行一次模拟火警联动试验，以检查火灾发生时喷水消防系统能否迅速开通投入灭火作业，其试验过程如下。

通过有意设置局部火源，引发试验区域内自动喷水灭火管网喷头喷水，该区水流指示器应动作并发出信号，继而系统报警阀动作，压力开关发出信号。水力警铃发出铃声，自动喷水灭火系统消防水泵应迅速投入正常运行，由此作出对自动喷水灭火系统的可靠性评价，对施工验收、日常管理维护、修理情况进行总结。

发现故障，需拆卸系统、断水进行修理时，应向所在社区消防部门通报，由企业主管批准，并设计应急预案后，方可动工。

3）使用环境检查

使用环境及保护对象在使用过程中，被人为地做了恰当或不恰当的改变，往往成为对系统功能的损害因素。举例如下。

① 在仓库内货物堆高增大而阻挡了喷头的喷洒范围。

② 喷头被刷漆或包扎而延迟了动作灵敏度，从而改变了喷洒特性。

③ 可燃物数量和品种的改变或环境性质的改变，致使原喷头的功能和数量不符合实际的危险性等级要求。

所以，对使用环境和条件要定期检查、评价，对不合理的改变，要予以纠正。对环境的正常变化，要通过更换合适的喷头，加设新的自动喷水系统进行调整。

4）其他常用灭火系统的维护管理

① 气体灭火系统的检查维护

定期对系统进行检查和维护是保持气体灭火系统能发挥预期作用的关键，即"三分安装，七分保养"，没有任何一种灭火系统在没有平时的精心维护下，能始终处于良好状态。气体灭火系统的使用寿命较长，一般可达 20 年以上。因在长时间的使用过程中，其中有些部件可能老化，储存的灭火剂在许可的泄漏范围内会逐渐流失。因此，系统工程通过验收审查、交付使用后，使用单位应按国家标准的有关规定和设计使用维护说明书中的有关要求，加强对该系统的日常维护工作，坚持定期检查与试验，发现问题或故障应及时解决或修复。

系统启动喷射灭火剂后，应及时恢复功能，包括充装灭火剂，增压，更换密封件和对已破坏的零部件及喷嘴、防尘罩进行修复；将所有阀门和控制开关复位等。

为了做好检查、维护工作，所有可能担任气体灭火系统的操作、日常维护、半年检、年检、试验、充装和修理工作的人员，均应经过专门培训，并经考试合格。专门人员还必须对系统设计、施工、调试和竣工验收的情况有全面的了解，熟悉系统的性能、构造和检查维护方法。因此，已投入使用的气体灭火系统应具备要求审核的全部内容，包括文件资料及竣工验收报告，系统的操作规程和系统的检查、维护记录图表。

② 干粉灭火系统的维护保养

灭火系统设备及控制安装完成后，一般不发生火灾时是不启动的，长期待用。若不定期检查，维修保养，就可能存在隐患，一旦发生火灾，将无法使用。

对于干粉灭火系统来说，一般规定 3 个月做一次外观检查，1 年做一次全面检查，3 年做一次压力容器、电器控制回路细检，每次检查应将检查的原因、内容详细记录。

2. 建筑防火与排烟系统的维护与管理

为保证防火、排烟系统能够在紧急状态下发挥应有的作用，对机械防烟、排烟系统的风机、送风口、排烟口等部位应经常维护，如扫除尘土、加润滑油等，并经常检查排烟阀等手动启动装置和防止误动的护装置是否完好。

另外，每隔 1～2 周，由消防控制中心或风机房启动风机空载运行 5min。每年对全楼送风口、排烟阀进行一次机械动作试验。此试验可分别由现场手动开启、消防控制室遥控开启或结合火灾报警系统的试验由该系统联动开启。排烟阀及送风口的试验不必每次都联动风机，联动风机几次后应将风机电源切断，只做排烟阀、送风口的开启试验。

3. 火灾自动报警及联动控制系统的维护与管理

（1）建立系统技术档案

在火灾自动报警系统安装调试，通过验收后，应将设计、施工、安装单位移交的有关系统的施工图纸和技术资料、安装中的技术记录、系统各部分的测试记录、调试开通报告、竣工验收报告等加以整理，建立技术档案，妥善保管，以备查询。同时，在系统开通运行前还应建立相应的操作规程、值班人员的职责要求、值班记录、显示系统在所保护建筑物内位置的平面图或模拟图、系统运行登记表、设备维修记录等，以使管理人员在工作中有章可循。

（2）随时检查使用环境

1）探测器因环境条件的改变而不能适用时，应及时更换。如库房改为厨房、锅炉房、开水房、发电机房时就应将感烟火灾探测器改为感温火灾探测器。根据测定，感烟火灾探测器的环境使用温度一般在 50℃ 左右，否则有可能出现故障；而感温探测器动作的额定温度应高出环境温度 10～35℃。

2）要防止外部干扰或意外损坏。对于探测器不仅要防止烟、灰尘及类似的气溶胶、小动物的侵入、水蒸气凝结、结冰等外部自然因素的影响而产生的误报，而且还要防止人为的因素，如书架、储藏架的摆放或设备、隔断等分隔对探测器和手动报警按钮的影响。

3）对于进行二次装修的场所，要注意检查原探测器和手动报警按钮等是否完好，线路是否畅通。如存在问题必须重修或更换，否则报警器就会发生故障。

（3）定期检查自动报警功能

至少每年进行一次系统功能的全面检查，重点检查火灾探测器。

在检查时，可对某一火灾探测器用专用加烟（温）工具进行实际操作检查。当火灾探测器正常响应后，报警确认灯会亮，同时，探测器向火灾报警控制器发出火灾信号，控制器上信号显示的位置应无误。还要检查时钟是否走动，有无发生火警的时间记录。检查后，值班人员应及时对设备进行消声、复位，以防止时间过长而使设备的元器件被损坏。

（4）定期检查电源

一般每季度要对备用电源进行1～2次充、放电试验，1～3次主电源和备用电源自动切换试验，同时检查以下内容。

1）火灾自动报警系统的交流电源是否因与大型设备电源连在一起而产生电压波动；否则应采取措施分开设置，保证火灾自动报警系统单独回路供电。

2）检查火灾自动报警系统的电压偏移是否在允许范围内，否则应采取稳压措施。

（5）定期检查联动功能

每季度检查一次系统联动功能。在检查时如果联动系统动作正常，信号就会反馈至消防控制室；若是没有信息反馈，说明没备发生故障，应及时采取措施加以排除。

检查联动功能时，应特别注意以下几点。

1）报警控制器能够强制消防电梯停于首层。

2）在试验事故广播时，不论扬声器处于何种工作状态，都能将其切换到火灾事故广播通道上。

3）应急照明和疏散指示灯要在规定的救生通道内接通。

另外，所有切换开关，如电源转换开关，灭火转换开关，防烟、排烟、防火门、防火卷帘门等转换开关，警报转换开关，应急照明转换开关等都应进行符合规定的动作。

4. 消防设备的巡视（见表 5-1）

消防设备巡视表 表 5-1

小区名称		日 期	时 间	检查人员
项目名称		巡查项目	正常与否	检查情况
消防报警装置	1	了解消防系统运行情况		
	2	查看设备记录		
	3	回路情况		
	4	探头情况		
	5	联动模块情况		
	6	其他		
消防设施（抽查）	1	灭火器		
	2	消防栓		
	3	防火卷帘门		
	4	排烟系统		
	5	应急照明		
	6	其他		
小区管理人员巡视记录				
管理处经理签名确认				

任务 5 —— 维护物业给水排水设备

113

任务 **6**

维护暖通设备

过程 6.1　维护供暖系统

6.1.1　供暖与燃气供应系统的认知

1. 供暖系统

人体的体温大约是 36℃，而在寒冷的冬季，人们在室内适宜的温度一般是 20℃左右。由于室外温度大大低于 20℃，热量就不断地经过建筑物的墙、屋顶、门窗和地面等围护结构向外散失。同时，冷空气由门、窗缝隙进入室内以及外门开启冷空气的进入，消耗室内的热量，造成室内温度下降。为了维持室内所需要的温度，保证人们在室内的正常工作、学习和生活，就必须向室内供应一定的热量，这种向室内提供热量的工程设备称为供暖系统，如图 6-1 所示。

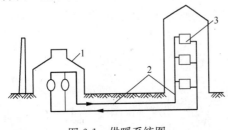

图 6-1　供暖系统图

1—锅炉房；2—输热管道；3—散热器

（1）供暖系统的组成

热介质制备（热源）——供暖系统的热源一般是锅炉，锅炉把燃料的化学能通过燃烧转换成热能。

热介质利用（散热设备）——供暖系统的散热设备一般是散热器，通过散热器的散热，补偿冬季房屋的热量损耗，维持一定的室温。

热介质循环输送（输热管道）——热源和散热设备用管道连接起来，利用热介质把热量输送到散热设备中，热介质放出热量又回到热源继续加热，循环使用。

热介质是携带热量的物质，现在使用的主要是水和蒸汽。

供暖系统的基本工作过程是：低温热介质在热源中被加热，吸收热量后，变为高温热介质，经输送管道送往室内，通过散热设备放出热量使室内温度升高，散热后介质温度降低，变成低温热介质，再通过管道返回热源继续加热，进行循环使用。如此不断循环，从而使室内保持一定的温度。

（2）供暖系统的分类

1）按热介质的不同分类

按系统中所用的热介质不同，供热系统可分为 3 类：热水供暖系统、蒸汽供暖系统和热风供暖系统。

① 热水供暖系统

在热水供暖系统中，热介质是水。散热设备通常为散热器，管道中的水在热源被加热，经管道流到房间的散热器中放热，然后再流回热源。

根据系统中有无水泵作为热介质循环动力，热水供暖系统可分为两类：有水泵的称为机械循环热水供暖系统，常用于大面积供热；无水泵的称为自然循环热水供暖系统，常用于小面积供热，其原理是靠供、回水密度差使水循环的。

按热水温度的不同又可分为低温水供暖系统（供水温度小于100℃）和高温水供暖系统（供水温度大于或等于100℃）。常用的低温水供暖系统的供、回水温度分别为 95℃ 和 70℃。常用的高温水供暖系统的供、回水温度分别为 110℃ 和 70℃、130℃ 和 70℃、150℃ 和 70℃。

② 蒸汽供暖系统

在蒸汽供暖系统中，热介质是蒸汽，散热没备通常为散热器，蒸汽含有的热量由两部分组成：一部分是水在沸腾时含有的热量；另一部分是从沸腾的水变为饱和蒸汽的汽化潜热。在这两部分热量中，汽化潜热占绝大部分。

按热介质压力的不同又分为低压蒸汽供暖系统（供汽压力小于或等于 70kPa）和高压蒸汽供暖系统（供汽压力大于 70kPa）。

③ 热风供暖系统

热风供暖系统以空气作为热介质。在热风供暖系统中，首先将空气加热，然后将高于室温的空气送入室内。热空气在室内降低温度，放出热量，从而达到供热的目的。

2）按范围的不同分类

按供暖范围的大小不同，供热系统可分为 3 类：局部供暖系统、集中供暖系统和区域供暖系统。

① 局部供暖系统

在局部供暖系统中，热介质制备、热介质循环输送和热介质利用 3 个主要组成部分在构造上都在一个供暖系统，称为局部供暖系统，如烟气供热（火盆、火炉、火墙和火炕等）、电热供热和燃气供热等。虽然燃气和电能通常由远处输送到室内来，但热量的转化和利用都是在散热设备上实现的。

② 集中供暖系统

在集中供暖系统中，热源和散热设备分别设置，用热介质管道相连接，由热源向各个房间或各个建筑物大面积供给热量的供暖系统称为集中供暖系统。在住宅小区、企业单位、国家机关、学校、公共建筑等都是采用集中供暖系统。

③ 区域供暖系统

在集中供暖的基础上，由热源集中向一个城镇或多个住宅小区、多个企业单位、多个政府机关、多个公共单位等供给热量的供暖系统称为区域供暖系统，也称为联片供暖系统。区域供暖已成为现代化城镇的重要基础设施之一，是现代化城市供暖系统的发展方向。

区域供暖系统由热源、热力网和热用户 3 部分组成。区域供暖系统可分为两类：以区域锅炉房为热源的称为锅炉房区域供暖系统；以热电厂作为热源的称为热电厂区域供暖系统。

2. 燃气供应

气体燃烧利用管道和瓶装供应，对改善生活条件，减少空气污染和保护环境都具有十分重要的意义。但当燃气和空气混合到一定比例时，易引起燃烧或爆炸，火灾危险性较大；同时，人工燃气具有强烈的毒性，容易引起中毒事故。因此，在物业管理中必须注意安全管理工作。

(1) 燃气的种类

根据来源，燃气可分为人工燃气、液化石油气和天然气 3 大类。

人工燃气是将矿物燃料（如煤、重油等）通过热加工而得到的一种燃气。通常使用的燃气有干馏燃气和重油裂解气，分别由煤和重油在一定温度和压力下分解得到。一般焦炉燃气的低发热量为 $17585 \sim 18422 kJ/m^3$；重油裂解气的低发热量为 $16747 \sim 20515 kJ/m^3$。

液化石油气是在对石油进行加工处理过程中（如减压蒸馏、催化裂化、铂重整等）所获得的副产品。它的主要组成是丙烷、丙烯、正（异）丁烷、正（异）丁烯、反（顺）丁烯等。这种副产品在标准状态下呈气相，而当温度低于临近值或压力升高到某一数值时则呈液相。液化石油气的低发热量通常为 $83736 \sim 113044 kJ/m^3$。

天然气是指从钻井中开采出来的可燃气体，主要成分是甲烷。天然气的最低发热量为 $33494 \sim 41868 kJ/m^3$。天然气通常没有气味，故在使用时需要混入某种无害而有臭味的气体（如乙硫醇 C_2H_5SH），以便于发现漏气，避免发生中毒或爆炸燃烧事故。

(2) 城市燃气的供应方式

1) 天然气、人工燃气管道输送

天然气或人工燃气经过净化后，即可输入城市燃气管网。

① 街道燃气管网

在大城市里，街道燃气管网大都布置成环状，只是边远地区才采用接状管网。燃气由街道高压管网或次高压管网，经过燃气调压站，进入街道中压管网。然后，经过区域的燃气调压站，进入街道低压管网，再经小区管网而接入用户。临近街道的建筑物，也可直接由街道管网引入。在小城市里，一般采用中低压或低压燃气管网。

② 小区燃气管网

小区燃气管网是指自小区燃气总阀门井以后至各建筑物前的户外管路。

当燃气进气管埋设在一般土质的地下时，可采用铸铁管，青铅接口或水泥接口，也可采用涂有沥青防腐层的钢管，焊接接头。若燃气进气管埋设在土质松软及容易受震地段，则应采用无缝钢管，焊接接头。阀门应设在阀门井内。为了满足各用户不同的压力要求，通常在用户引入管后增加调压箱。根据燃气的性质及含湿情况，需排除管网中的冷凝水时，管道应具有不小于 0.003 的坡度朝向凝水器，凝结水应定期排除。

2）液化石油气瓶装供应

液态化石油气在石油炼厂生产后，可用管道、汽车或火车槽车、槽船运输到储配站或灌瓶站后，再用管道或钢瓶灌装，通过供应站供应给用户。

① 对个人用户，采用单瓶供应，常用 15kg 钢瓶。钢瓶一般置于厨房，瓶内液态液化石油气靠室内温度可自然气化。供燃气的燃具及燃烧设备使用时，需经钢瓶上的调压阀减压到（2.8±0.5）kPa；为保持瓶内余压，禁止将钢瓶放于热水盆上加热使瓶内剩余的液化石油气气化。

② 对公共建筑或小型工业建筑的用气户，常用钢瓶并联供应。瓶组供应系统的并联钢瓶、集气管及调压阀等应设置在单独房间。钢瓶无论人工或机械装卸，都应严格遵守操作规定，禁止乱扔乱用。

③ 居民小区、大型工厂职工住宅区或锅炉房适于采取管道供应方式。管道供应方式，是指液态的液化石油气，经气化站或混气站生产的气态的液化石油混合气，经调压设备减压后，经输配管道、用户引入管、室内管网、燃气表输送到燃具使用。

（3）室内燃气系统

1）室内燃气管道

用户燃气管由引入管进入房屋后，到燃具的燃烧器前都算为室内燃气管道。这一套管道是低压的，管材多为热镀锌钢管，采用丝扣连接，用四氟乙烯生料带作为缠口材料。埋于地下部分的管道常涂沥青，并用玻纤布缠裹。明装于室内的管道，管径不宜小于 25mm，以便清通。室内燃气管系统组成如图 6-2 所示。如图 6-2（a）所示的系统直接连接在城市的低压管道上，由用户引入管、干管、立管、用户支管、燃气计量表、用具连接管和燃气用具所组成。如图 6-2（b）所示的系统直接与城市中压燃气配气管相连，在用户引入管和立管之间，有一调压箱，调压箱通常安装在楼房外墙下面，在非采暖地区的天然气和液化气管道供应系统中常见。

2）燃气表

燃气表是计量燃气用量的仪表。目前，我国常用的室内燃气表是一种干式皮膜（囊）燃气流量表，其计量范围通常为 2.8～260m³/h，一般每 5～7 年进行一次定检。为保证安全，小口径燃气表一般挂在室内墙壁上，表底距地面 1.6～1.8 m，燃气表到燃气用具的水平距离不得为 0.8～1.0m。

3）燃气用具

燃气用具最典型的是以下两种。

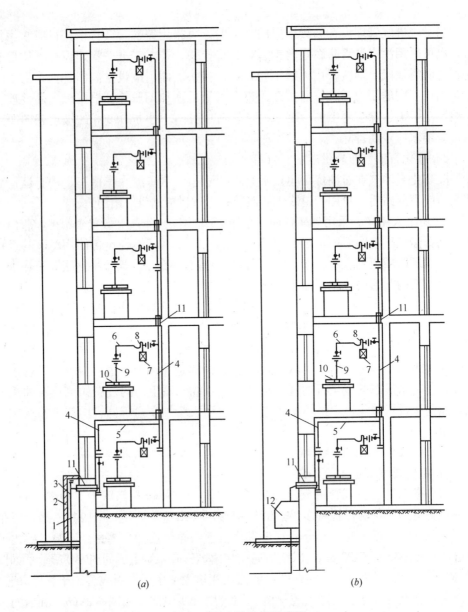

图 6-2 室内燃气管道系统

(a) 与低压系统相连的系统；(b) 与中压系统相连的系统

1—用户引入管；2—转台；3—保湿层；4—立管；5—水平支管；6—用户支管；7—燃气计
量表；8—旋塞及活接头；9—用具连接管；10—燃气用具；11—套管；12—调压箱

① 厨房燃气灶

厨房燃气灶由炉体、工作面及燃烧器 3 个部分组成。目前使用最多的是自动
打火燃气灶。燃烧器表面为网格或网眼状的热效率最高，因为此时喷出的都是燃
烧充分的微小火焰，热损失很小。

从使用安全考虑，燃气灶应靠近不易燃的墙壁放置。灶边至墙面要有 50～
100mm 的距离。大型燃气灶则应放在房间的适中位置，以便于四周使用。

② 燃气热水器

燃气热水器是一种局部热水供应的加热设备。根据构造的不同，燃气热水器可分为容积式和快速直流式两类。

容积式燃气热水器是一种能贮存一定容积热水的自动加热器。其工作原理是通过调温器、电磁阀和热电偶联合工作，使燃气点燃和熄灭。可作小型集中热水供应和家庭供暖热源。根据检验，当家庭的日用水量能够达到水箱容积的 1.5 倍时，选用容积式热水器比较恰当。热水用量小时，则采用快速直流式热水器，但需要注意：这种热水器应采用强制通风以保证安全。

6.1.2 供暖与燃气供应系统的维护与检修

1. 供暖系统的维护与管理

（1）锅炉及锅炉房的维护与管理

1）锅炉房管理的内容

锅炉是供暖系统的心脏，又是一种承受高温高压、具有爆炸危险的特殊设备，因此，锅炉的安全运行显得特别重要。国务院专门发布了《锅炉压力容器安全监察暂行条例》，由各级劳动部门负责对锅炉的设计、制造、安装、使用、检验、修理和改造等主要环节进行监督检查，各级劳动部门也先后颁布了一系列规程、标准和规定，对锅炉的安全运行进行管理，物业管理人员要认真遵照执行。良好的锅炉房管理是锅炉安全运行的关键，因此，对物业管理公司来说，做好锅炉房的管理显得十分重要。

各供暖单位可结合劳动部发布的《锅炉房安全管理规则》，编制适合本单位情况的供暖人员岗位责任制、锅炉及其辅机的技术操作规程和锅炉房各项规章制度等，并认真贯彻执行。

首先必须制定锅炉房的各项规章制度，有岗位责任制度、安全操作制度、水质处理制度、交接班制度、经济核算制度、锅炉房出入登记制度等，同时还必须编制锅炉房运行操作表，操作表的内容应严密，执行要认真，检查要严格。

锅炉管理人员负责锅炉系统的安全运行操作及运行记录，根据各系统的设计和先行要求，对有关设备进行相应调节；负责锅炉及其所属设备的维修保养和故障检修；严格执行各种设备的安全操作规程和巡回检查制度；坚守工作岗位，任何时候都不得无人值班或私自离岗，值班时间内不做与本岗位无关的事；每班至少冲水位计一次及排污一次，并做好水质处理和水质分析工作；勤检查、勤调节，保持锅炉燃烧情况的稳定，做好节能工作；认真学习技术，精益求精，不断提高运行管理水平。

2）锅炉的运行管理

锅炉的运行管理是锅炉房管理的核心。

① 锅炉操作的岗位责任制和轮班制

利用锅炉产生热量并输出热水和蒸汽的过程是系统化的连续过程。

系统化是指从燃料的填入、燃烧到出渣，与热水温度、压力控制、热循环设备等是不可分割的整体，任何一部分出了问题。都会影响供暖。同时，由于锅炉运行的自动化水平越来越高，一般锅炉工难以操作。对于燃油、燃气锅炉，锅炉工要提高使用水平，必须认真学习新的锅炉方面的知识。

连续性指供暖必须昼夜 24h 不间断，客观要求建立轮班制度。每班由 1 名技术全面的技工带队，再配 2 名普通技工（燃油、燃气锅炉不用），每班连续工作 8h，工作紧张时，可要求临时工加入。

② 锅炉的安全运行

为了使锅炉安全运行，必须做到以下几点。

a. 防止锅炉超压。锅炉运行过程中要保持锅炉负荷稳定，防止突然降低负荷，致使压力上升；防止锅炉安全阀失灵，每隔 1~2 天人工排汽一次，并且定期作自动排汽试验，如发现动作迟缓，必须及时修复；定期检验压力表，如发现不准确或动作不正常，必须及时更换。

b. 防止过热。防止锅炉运行中缺水，每班冲洗水位表，检查所显示的水位是否正确；定期清理旋塞及连通管，防止堵塞；定期维护、检查水位报警或超温警报设备，保持其灵敏可靠；严密监视水位；万一发生严重缺水，绝对禁止马上向锅炉内加水；正确使用水处理设备，保持炉水质量符合标准，认真进行表面排污和定期排污操作，定期清除水垢。

c. 防止腐蚀。根据水质不同，采取有效的水处理和除氧措施，保证供水和炉水质量合格。加强停炉保养工作，及时清除烟尘，涂刷防锈油漆，保持炉内干燥。

d. 防止裂纹和起槽。保持燃烧稳定，避免锅炉骤冷、骤热，加强对封头、板边等应力集中部位的检查，一旦发现裂纹和起槽，必须及时处理。

e. 防止水锤。勿使锅炉水位骤升、骤降，避免锅炉满水、缺水、汽水共腾等现象发生。

f. 加强安全保卫工作，提高警惕，严防有人故意破坏。

③ 锅炉的维护管理

a. 锅炉的定期检查及清扫。每台锅炉需定期检查及对有关部位进行清扫，一般每隔 4 个月一次。各类控制装置、安全保护装置以及故障报警装置的功能，需在检查时人为动作试验，确认其是否灵敏可靠。同时，对运行时形成的尘埃、烟灰和水垢等进行清扫。检查内容要周到详细，清扫工作要认真彻底，工作时应安排两名工人一起工作，根据事先拟定的检查和清扫程序进行。对于特殊情况需在锅炉运行期间进行检查作业的，检查工作一定要先制定详细的检查计划，不能影响锅炉的正常运行，清扫必须在停炉时进行。

b. 锅炉的维护。锅炉的维护分运行期间的维护与停运期间的维护。锅炉的大修工作一般安排在供暖前或供暖后停运期间进行，以不影响供暖为原则，时间限制短。大修的目的是对锅炉进行彻底全面的检查，该更换的主要设备要更换，运行中出现的问题要逐一排除解决，千万不能勉强凑合。运行期间设备的维护也是很重要的。在水质硬度高的地区，要定期清除水垢，检查除尘和净化设备，检查各阀门、开关的灵活性和密闭性等，做到随时发现问题，随时维修。运行期同维修时间受到严格限制，不能太长，所以物业管理公司的设备维修部应派人日夜监视锅炉的运行状况。

④ 锅炉故障分析

a. 锅炉超压。主要原因是安全阀、压力表全部失灵；锅炉工擅离岗位或不注意看管；锅炉本体的结构错误。

b. 锅炉附件不全或附件失灵。主要原因是没有安全阀或安全阀结构不合理，安装和调试不符合要求；没有水位表或水位表的设计、安装或使用不当，造成假水位，以致造成缺水等现象；没有压力表或压力表不准或失灵，或锅炉常常高水位运行而使压力表管口结垢导致压力表失灵；给水设备或给水止回阀损坏，如给水泵发生故障或给水止回阀失去作用，都会造成锅炉缺水事故；排污阀设备损坏，如排污阀关闭不严，泄漏后造成锅炉缺水事故；热水锅炉膨胀水箱冻结，或膨胀管堵塞或在膨胀管上设阀门使膨胀受阻，或系统网路排气集气罐、除污器等出现故障，引起热水锅炉事故等。

c. 锅炉满水或缺水事故。主要原因是锅炉工违反劳动纪律，擅自离开工作岗位或做与操作无关的事，锅炉工在操作锅炉时注意力不集中，不精心监视水位，不及时根据锅炉负荷调节升降调节锅炉的给水量；锅炉工操作技术水平低，造成误判断、误操作；水位表汽水连管，水位表、水位柱结构不合理，造成假水位，水位表照明不良，造成观察水位不清楚；高低水位警报器失灵，不报警或误报警；双色水位计失灵；有给水自动调节器的锅炉，给水自动调节器失灵；给水压力突然升高或降低。

d. 锅炉汽水共腾。主要原因是锅炉水的盐含量和悬浮物过高；没有或不进行表面排污；开炉时开启主汽阀过快；单台锅炉升压后，开启主汽阀过快；锅炉负荷增加过急；锅炉严重超负荷使用；锅炉突然严重渗漏；锅炉水中含油或加药不正常。

（2）供暖网络的维护与管理

供暖网络是寒冷地区建筑物不可缺少的组成部分。供暖网络的管理日益成为物业管理中重要的组成部分。供暖网络的管理目的主要是使建筑物在供暖期内供暖正常，保证业主（租户）有一个正常的工作、生活或学习环境。

1）供暖网络管理的内容

供热网络的管理包括热源管理、热网管理和用户管理。

① 热源管理

热源管理分两种情况：物业管理者负责管理和不负责管理。前者管理者负责锅炉及其附属设施的养护和管理，负责燃料采购、运输，负责及时清理燃烧炉渣，负责操作工人和维修人员的培训。第二种情况比较简单，即受管物业热源由区域性锅炉或热电站供应，通过输送管道供热，管理者只需按期依耗热量多少与供热单位清算取暖费用。

② 热网管理

第一种情况下的热网管理须由物业管理公司委托专人管理；第二种情况下双

方共同管理，但以供热方为主，物业管理方为辅。

③ 用户管理

用户管理是物业管理者的责任，包括定期挨家挨户检查设备运行情况，定期收取暖费，督促用户严格按照供暖管理规定取暖等。

2）供暖网络管理的特点

供暖网络管理的特点是由供暖管理对象的性质决定的，它具有如下特点。

① 系统性和整体性

供暖网络管理对象是由热源管理、热网管理、用户管理 3 个部分组成的有机整体，缺少任何部分都不能完成供热过程，表现出明显的系统性和整体性。供暖网络管理要和供暖系统相适应，要具备系统性和完整性，致力于保证供暖系统的正常运行。

② 季节性

供暖具有明显的季节性，一般只在严寒地区冬季才运行供暖网络；随着严冬的过去，供暖网络也将停止运行。

③ 复杂性

供暖管理本身很复杂，主要表现在以下两方面。

a. 管理内容的复杂性。包括设备管理、燃料采购、炉渣外运、人员培训、取暖费收取等。

b. 管理用户的复杂性。用户的文化素质不同，收入也有差别，对供暖网络认识也不尽相同等，这些都使管理复杂化。

在制定供暖管理实施方案的操作规程时，一定要根据供暖管理对象及供暖管理的特点，制定供暖管理遵循的普遍原则，为更好地实施管理建立理论基础。

3）供暖网络充水养护

在非供暖季节供暖网络停止运行时，系统中充满水进行养护称为充水养护。所有的热水、高温水供暖网络均要求充水养护，不论所用散热器是钢制还是铸铁散热器，钢制散热器更强调充水养护。蒸汽供暖系统如采用充水养护，也会延长管道和散热设备的有效寿命，充水养护的具体做法如下所述。

① 供暖季节结束、系统停止运行后，先进行全面检查并进行修理或将已损坏的零部件或散热器进行更换。

② 将系统充满水并按试压要求进行系统试压。

③ 将系统内的水加热升温至 95℃，保持 1.5h，然后停止运行。

④ 设有膨胀水箱的系统，在非供暖期要保持水箱有水，缺水时要进行补水。

⑤ 下一个供暖季节开始前，先将系统中的水放空，更换新水（符合系统水质要求的水），方可启动运行。

（3）用户管理

供暖用户的管理是供暖过程管理的重要管理环节，目的是使用户最经济合理地取暖，同时遵守物业管理公司制定的物业管理制度。主要内容有如下几方面。

1）指导用户遇到供暖问题如何与物业管理公司沟通。

2）教育用户如何节约能源，合理取暖。主要包括教育用户自觉控制热水流通量、保持室内适当温度（18℃），不宜造成室内过热过冷或忽热忽冷；用户家中长期无人时，自觉关闭散热器热水入口阀门，减少热量的无故耗散；检查房间的密闭性能，加强保温措施。

3）用户因家庭装修需变动散热器位置、型号时，需取得管理人员的现场认可，否则视为违约行为，用户承担由此造成的一切后果。更不能无故损坏散热设备，遇有问题不能解决时应请管理人员解决。

（4）供暖系统常见故障与处理

1）供暖系统末端散热器不热

① 主要原因

a. 各环路压力损失不平衡。

b. 水平方向水力失调。

② 处理方法

a. 从系统始端开始，顺序调小各环路立管或支管上的阀门。

b. 系统末端可能有空气，将空气排除。

2）散热器爆裂

对于高层建筑物的热水供暖系统，特别是锅炉容量较大的供暖系统，循环水泵的循环量较大，当突然发生停电、停泵时，高速旋转的循环水泵突然停止运行，高速流动的循环水，有的压力可以高达 7atm（1atm＝101325Pa），这样就会使低层用户散热器鼓爆，大量的循环水从散热器喷出，造成爆裂事故。

散热器爆裂事故的预防措施包括以下几点。

① 做好突然停电、停泵的安全防护工作。

② 提高设计、制造、安装质量。

③ 努力提高锅炉工操作技术水平和知识水平。

④ 防止系统或锅炉内发生水分气化。

3）局部散热器不热

局部散热器不热应根据具体情况分别予以处理。

① 管道堵塞。用手摸一下管道表面，发现有明显温差的地方，可敲击震打，如仍不能解决，需拆开处理。

② 散热器存气太多，或散热器进口支管有气塞。可以用手触摸，如果温度不是有明显变化，而是逐渐冷下来，说明里面可能有空气，这时应打开排气装置排除空气。

4）上层散热器不热

应排除上层散热器积存的空气，如上层散热器缺水，立即给系统补水。

5）热力失调

多层建筑双管系统上供式热水供暖系统会出现热力失调，主要表现在上层散热器过热，下层散热器不热。其主要原因是上层散热器热介质流量过多而下层则相对较少。处理方法是关小上层散热器支管上的阀门。

2. 燃气系统的维护与管理

燃气系统（包括使用瓶装气）的日常管理，主要是安全管理，首先应对用户进行使用安全的常识宣传，内容包括如下几方面。

1）液化气气瓶必须经技术监督部门检验合格，未经检验的不能充装使用。

2）已充气的液化气瓶不能存放在卧室内，人更不能在放有液化气瓶的房内就寝。

3）已充气的液化气瓶要远离明火和高温，严禁液化气与煤气灶同处一室使用。

4）点燃液化气之前，先拧开贮气灌上的阀门，再用火接近液化气灶，同时打开灶具上的开关，即可将液化气点燃。使用完毕先关闭贮气罐的阀门、再关闭灶具上的开关，不能图省事只关闭 1 个开关，否则易发生漏气事故。

5）如发现液化气瓶漏气，可将肥皂水涂在贮气瓶的阀门、灶具开关和胶管上检查。如果涂抹处产生气泡，即为该处漏气。胶管漏气应更换新管，用具漏气送供气（供货）单位修理。

6）使用燃气具的室内应保证通风良好，防止烟气中的一氧化碳中毒。

7）发生煤气灶回火应立即关闭气阀，再重新点火以免烧坏灶具；在装有煤气设施的屋内不准住人。

8）不得擅自拆、迁、改和遮挡、封闭煤气管道设施。

9）使用管道煤气的燃具不能和其他气体的燃具互相代替；使用管道煤气的房间不得同时使用其他火源。

10）连接管道煤气燃具的胶管长度不应超过 2m，严禁胶管过墙或穿门窗用气。要经常查看胶管有无脱落、老化，如有应及时更换，以免漏气。若发现漏气，正确的检漏方法是用肥皂水涂抹在可能漏气的地方，连续出现气泡，就可以断定此处是漏点，绝对禁止用明火检漏。

11）不得在煤气设施上搭挂物品，不得将煤气管道作为家用电器接地线。

12）当发现煤气设施泄漏时，应立即通知物管和供气单位。

13）有煤气或液化气的家庭最好安装可燃气体泄漏报警器，当周围出现煤气或液化气泄漏时，可以及早采取避险措施。

燃气系统的维护与维修是针对系统的故障进行的。燃气系统运行中常见故障有 3 个方面：一是灶具、热水器、煤气表出故障；二是系统中有漏气现象；三是管道堵塞。

灶具、热水器、煤气表的故障修理，不属于物业管理的工作范围，但有条件的物管企业可做这方面的延伸服务，以增加效益。对漏气和堵塞的处理，物管企业一般协同燃气公司进行，且宜配合燃气公司每年全面检查一次燃气供应管线，平时发现问题应及时保修。

（1）漏气的处理

漏气的原因主要有二：一是管道接头漏气；二是管道本身漏气。对这两种情况的处理，与室内给水管道出现类似情况时的处理相同。但在修理接头漏气时，注意缠裹材料只能用聚四氟乙烯生料带而不能用麻丝。

(2) 堵塞的处理

天然气管一般不会堵塞，煤气管则有堵塞的可能。因为煤气会携带有少量的轻质煤焦和微尘。清通时，先判断是家庭管道堵塞还是立管被堵塞（若是立管，则被堵不止一户），若是家庭内管道堵塞，拆卸下来用油垢清洗剂（用家用抽油烟机免拆洗除污垢剂即可）或沸水冲洗，必要时可将钢筋、木棍上绑扎布团协助清通。

若是煤气立管堵塞，则先卸开立管顶上的丝堵，在上端向立管喷油垢清洗剂，拧下下端丝堵放出污物。若底端流出污物，即说明已经清通。由于清洗剂下流速度较慢，用量也较大，使用这个方法持续时间较长，但清通效果更理想。

过程 6.2　维护通风与空气调节系统

6.2.1　通风与空气调节系统的认知

1. 通风基本知识

（1）通风系统的作用

通风是改善空气条件的一种方法，它包括从室内排除污浊空气和向室内补充新鲜空气两个方面。前者称为排风，后者称为送风。为实现排风和送风所采用的一系列设备、装置的总体称为通风系统。

生产过程中产生的高温、高湿、灰尘和有害气体等污染物，不但会影响建筑物内部和周围的空气环境，而且还会损害室内人员的身体健康。为保持室内具有舒适和卫生的空气条件，当室内某种污染物浓度超过规定允许范围时，有必要采取通风措施，将污浊空气换成新鲜空气。

（2）通风系统的分类

迫使室内空气流动的动力称为通风系统的作用动力，通风系统按作用动力来划分，可分为自然通风和机械通风两种。

1）自然通风

自然通风主要是依靠室外风所造成的自然风压和室内外空气温度差所造成的热压来迫使空气进行流动，从而改变室内空气环境。

风压作用下的自然通风如图 6-3 所示。当有风吹过建筑物时，在迎风面和背风面上形成压力差，由于这个压力差的存在，使室外空气从迎风面上压力较高的窗孔流入室内，再从背风面上压力较低的窗孔流出，造成室内的空气流动。此外，为了加强通风效果，可在屋顶上加风帽，利用风从屋顶上吹过时造成的负压来使室内空气排出。

热压作用下的自然通风见图 6-4。它利用室内外空气温度不同所造成的室内外气压差，来迫使室内空气进行流动。当室内空气温度高于室外气温时，室外空气密度大，从下部窗孔流入室内，而室内空气密度较小的热空气上升，从上部窗孔流出。这种通风方式特别适用于室内有局部热源的场合。

图 6-3　风压作用下的自然通风　　　　图 6-4　热压作用下的自然通风

自然通风是一种经济而有效的通风方法。它不消耗能源，设备投资省，较为经济实用。但受自然条件的影响较大，对空气不能进行预先处理，排出的空气不能进行除尘和净化，会污染周围环境。

2）机械通风

机械通风是利用通风设备所造成的压力，迫使室内外空气进行交换的一种通风方式。它由通风机和送排风管道组成，还可与一些空气处理设备连接，组成机械通风系统。

采用机械通风能够解决自然通风所难以解决的问题，并可进行局部通风，改善室内局部空气条件，可根据实际需要调节风量。

根据通风范围的不同，机械通风又可分为全面通风和局部通风两种。

① 全面通风

全面通风是对整个房间进行通风换气，使整个房间的空气环境都符合规定的要求。

图 6-5 所示是一种最简单的全面通风方式。轴流风机把室内污浊空气排到室外，同时使室内变成负压。在负压的作用下，新鲜空气从窗孔流入室内，补充排风。采用这种通风方式时，室内的污浊空气不会流入相邻的房间，适用于空气较为污浊的场所。

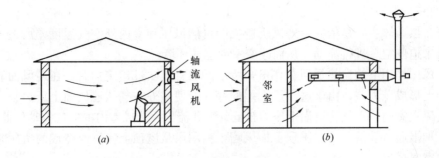

图 6-5　用轴流风机排风的全面通风

图 6-6 所示是利用风机送风的全面通风方式。它利用风机把经过处理的室外新鲜空气，通过风管送到室内各点，使室内的气压增大，从而将室内的污浊空气

从窗孔排出室外。采用这种方式进行通风，周围相邻房间的空气不会流入室内，适用于室内清洁度要求较高的房间。

除上面两种全面通风方式外，还有一种同时用风机进行送风和排风的全面通风方式，如图6-7所示。这种通风方式的效果较好，适用于要求较高的场合。

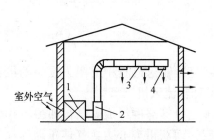 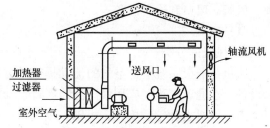

图 6-6　用风机送风的全面通风　　　　图 6-7　同时设送风、排风风机
1—空气处理室；2—风机；3—风管；　　　　　　　的全面通风方式
4—送风口

② 局部通风

在室内污浊空气产生较为集中或室内人员较为集中的场所，可采用局部通风系统。

局部通风系统是利用风机所形成的风压，通过风管将室外新鲜空气送到室内某个地点（或将室内某个地点的污浊空气排出室外）的通风方式。这种通风方式可改善室内某个局部的空气条件，它适用于面积大、工作地点比较固定的场所。

图6-8所示为机械局部排风系统。通常将排气罩设在产生有害气体的设备放置点，使有害气体一产生就立即被排出室外，防止在室内扩散。

图6-9所示为机械局部送风系统。通常将送风口设置在工作人员的工作地点，使人员周围的空气环境得以改善。

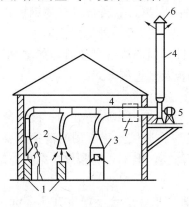 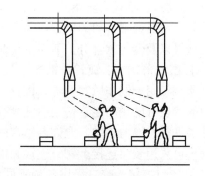

图 6-8　机械局部排风系统　　　　图 6-9　机械局部送风系统
1—工艺设备；2—局部排气罩；3—局部排
气柜；4—风道；5—通风机；6—排风帽；
7—排风处理装置

采用机械通风系统具有使用灵活方便、通风效果良好稳定的优点。但它需配置较多的设备，初期投资大，还需要设专人对设备进行日常维护和管理。

2. 通风管道与设备

自然通风系统一般不需要设置设备，机械通风的主要设备有风机、风管或风道、风阀、风口和除尘设备等。

（1）风机

1）风机的分类

风机是通风系统中为空气的流动提供动力以克服输送过程中的阻力损失的机械设备。在通风工程中应用最广泛的是离心风机和轴流风机。

离心风机由叶轮、机壳、机轴、吸气口、排气口等部件组成，结构如图 6-10 所示。当叶轮旋转时，叶片间的气体也随叶轮旋转而获得离心力，气体跟随叶片在离心力的作用下不断流入与流出。

轴流风机的叶轮安装在圆筒形的外壳内，当叶轮由电动机带动旋转时，空气从吸风口进入，沿轴向流过叶轮和扩压管，从排气口流出。

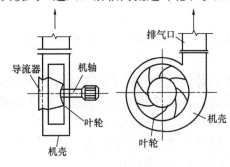

图 6-10　离心风机结构示意图

2）风机的技术性能

①风量：指风机在工作状态下，单位时间输送的空气量，单位为 m^3/h。

②风压：指风机所产生的压强，单位为 Pa。

③有效功率：指风机传送给空气的功率，它等于风量与风压的乘积，单位为 W。

（2）通风管道

1）风管材料

用做风管的材料有金属材料和非金属材料两大类。金属材料有薄钢板、不锈钢板（防腐）、铝板（防爆）等；非金属材料有玻璃钢板、硬聚氯乙烯板、混凝土风道等。需要经常移动的风管，大多数使用柔性材料制成各种软管，如塑料软管、橡胶软管以及金属软管等。下面主要介绍薄钢板及其连接方式。

① 酸洗薄钢板、镀锌薄钢板

薄钢板用于制作风管及部、配件，对酸洗薄钢板应作防锈处理；镀锌薄钢板表面的锌层有防锈功能，使用时注意保护镀锌层。通风工程所用的薄钢板要求表面光滑平整、厚薄均匀，允许有紧密的氧化铁薄膜，但不得有裂纹、结疤等缺陷。薄钢板可采用咬口连接、铆钉连接和焊接。

a. 咬口连接：咬口采用各种不同的咬口机完成，适合于厚度在 1.2mm 以内的钢管。

b. 铆钉连接：将要连接的板材板边搭接，用铆钉穿边紧铆在一起。铆钉连接在风管的连接上较少采用，但其广泛应用于风管与角钢法兰之间的固定连接。常用的连接设备有手提式电动液压铆钳。

c. 焊接：一般有电焊、气焊、锡焊、氩弧焊。电焊适用于厚度 $\delta > 1.2mm$ 的板材连接和风管与法兰之间的连接；气焊适用于 $\delta = 0.8 \sim 3mm$ 的薄钢板的板间连接；$\delta \leqslant 0.8$ 的钢板用气焊易变形；锡焊仅用于 $\delta < 1.2mm$ 的薄钢板连接，其焊接强度低、耐温低，一般在用镀锌钢板制作风管时，把锡焊作为咬口连接的密封材料。

② 垫料

当风管采用法兰连接时两法兰片之间应加衬垫。垫料应具有不吸水、不透气和良好的弹性，以保持接口处的严密性。衬垫的厚度为 $3 \sim 5mm$，衬垫材质应根据所输送气体的性质来定。输送空气温度低于 70℃ 的风管，即一般通风空调系统，用橡胶板、闭孔海绵橡胶板等；输送空气或烟气高于 70℃ 的风管，用石棉绳或橡胶板。除尘系统的风管用橡胶板；洁净系统的风管用软质橡胶板或闭孔海绵橡胶板，高效过滤器垫料厚度为 $6 \sim 8mm$，禁用厚纸板、石棉绳等易产生尘粒的材料。

目前，国内广泛推广应用的法兰垫料为泡沫氯丁橡胶垫，这种橡胶可以加工成扁条状，宽度为 $20 \sim 30mm$，厚度为 $3 \sim 5mm$，其一面带胶，用时扯去胶面上的纸条，将其粘紧在法兰上。使用这种垫料操作方便，密封效果较好。

2) 风管的断面形状

风管的断面形状有圆形和矩形两种，两者相比，在断面积相同时，圆形风管的阻力小，材料省，强度大。圆形风管直径较小时比较容易制造，保温也方便。但圆形风管管件的放样、制作较矩形风管困难，布置时不易与建筑结构配合。因此在通风除尘工程中通常采用圆形风管，在民用建筑空调工程中通常采用矩形风管。

矩形风管的宽高比最高可达 8:1，但从 1:1~8:1 表面积要增加 60%。因此，设计风管时，除特殊情况外，宽高比应尽可能接近 1:1，这样可以节省运行能耗和制作安装费用，在工程应用上一般宽高比应尽可能控制在 4:1 以下。

(3) 风阀

风阀装设在风管或风道中，主要用于空气的流量调节。通风系统中的风阀可分为一次调节阀、开关阀和自动调节阀等。其中，一次调节阀主要用于系统调试，调好阀门位置就保持不变，如三通阀、蝶阀、对开多叶阀、插板阀等；开关阀主要用于系统的启闭，如风机启动阀、转换阀等。自动调节阀是系统运行中需经常调节的阀门，它要求执行机构的行程与风量成正比，多采用顺开式多叶调节阀和密闭对开多叶调节阀。

(4) 风口

风口分为进气口和排气口两种，装设在风管或风道的两端，根据使用场合的不同，分为室内和室外两种形式。

1) 室外进气口

室外进气口是送风系统的采气装置，可设专门采气的进气塔，如图 6-11 所示，或设于外围结构的墙上，如图 6-12 所示，经百叶式风格和保温阀进入；百叶式风格是为了避免雨、雪或外部杂物被吸入而设置的；保温阀则用于调节进风，并防止冬季因温差结露而侵蚀系统。

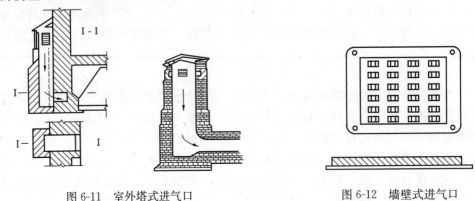

图 6-11 室外塔式进气口　　　　　　　图 6-12 墙壁式进气口

为保证吸入空气的清洁度，进风口应该选择在空气比较新鲜、尘埃较少或离开废气排出口较远的地方。

2）室外排风口

室外排风口是排风管道的出口，它负责将室内的污浊空气直接排到大气中去。排风口通常设置在高出屋面 1m 以上的位置，为防止雨、雪或风沙倒灌，出口处应设有百叶风格和风帽。

3）室内进气口

室内进气口是送风系统的空气出口，它把风道送来的新鲜空气按一定的方向和速度均匀地送入室内。

进气口的具体形式很多，一般采用可调节的活动百叶式风格，可调节风量和风向，如图 6-13 所示。当送风量较大时，需采用空气分布器，如图 6-14 所示。

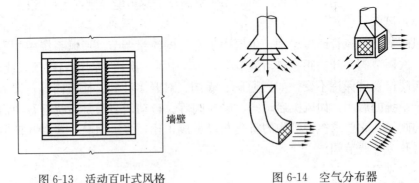

墙壁

图 6-13 活动百叶式风格　　　　　　图 6-14 空气分布器

（5）除尘设备

为防止大气污染，排风系统在将空气排出大气前，应根据实际情况采取必要的净化处理，使粉尘与空气分离，进行这种处理过程的设备称为除尘设备。

除尘设备种类很多，主要有挡板式除尘器、旋风式除尘器、袋式除尘器和喷淋塔式除尘器等 4 种类型，如图 6-15～图 6-18 所示。

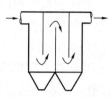

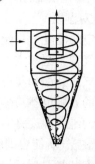

图 6-15　挡板式除尘器　　　　图 6-16　旋风式除尘器

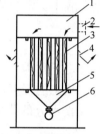

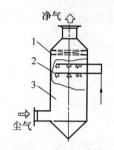

图 6-17　袋式除尘器图　　　　图 6-18　喷淋塔

1—气体分配室；2—尘气进口；3—滤袋；　　1—挡水板；2—喷嘴；3—塔体

4—净器出口；5—灰斗；6—卸灰装置

3. 空气调节的基本知识

（1）空气的组成和状态参数

在自然界的空气中，都是含有水蒸气的空气，称为湿空气。湿空气由数量基本稳定的干空气（不含水蒸气的空气）和水蒸气两部分组成，其中水蒸气的含量较少，并且经常随着外界环境的变化而变化。

湿空气中水蒸气含量的变化，对人体的舒适感、产品质量、工艺过程和设备的维护会产生直接的影响。例如，夏天气温高，在我国的南方地区，由于水蒸气含量较高，人体会因闷热而觉得不舒服；而在北方地区，由于水蒸气含量不太高，人体并不会感到不舒适。

因此在描述空气状态时，除了压力、温度等参数外，还需要对空气中水蒸气的含量和空气的含热量进行描述。

1）湿度

空气中水蒸气的含量称为湿度，湿度有以下几种表示方法。

① 绝对湿度

绝对湿度是指单位容积（1m³）的湿空气中含有水蒸气的质量，单位为 g/m³，或 kg/m³。

② 含湿量

含湿量是指单位重量(1kg)的湿空气中所含的水蒸气质量，单位为 g/kg 或 kg/kg。

③ 饱和绝对湿度

空气在一定的温度下只能容纳一定的水蒸气量，当所容纳的水蒸气含量达到最大值时的空气称为饱和空气；反之，水蒸气含量未达到最大值时的空气称为未饱和空气。空气达到饱和状态时，水分就不会再向空气中蒸发，这时人们就会感到潮湿，洗晒的衣服也不易晾干。

饱和空气的绝对湿度称为饱和绝对湿度，它反映出在一定的温度下，单位容积（1m³）的湿空气所能容纳的水蒸气含量的最大值，饱和绝对湿度与温度有关，温度下降时，饱和绝对湿度（空气中所能容纳水蒸气量）减小；温度上升时，饱和绝对湿度增加。

如果将饱和空气的温度降低，由于饱和绝对湿度减小，多余的水蒸气将凝结成水，这一现象称为结露。

④ 相对湿度

空气的绝对湿度与同温度下饱和空气的绝对湿度之比称为相对湿度，以 ϕ 表示。相对湿度表明了空气中水蒸气的含量接近于饱和状态的程度，即表示了空气的干湿程度。显然，ϕ 值越小，表明空气越干燥，吸收水分的能力越强；ϕ 值越大，表明空气越潮湿，吸收水分的能力越弱。

2）焓值

空气的焓值是指空气含有的总热量，即 1kg 干空气所含有的热量与 1kg 干空气中所含有水蒸气的热量之比，称为空气的比焓，用符号 h 表示，单位是 kJ/kg。

在空气调节技术中，常用比焓的变化，来判断空气得失热量的变化。一般规定干空气的焓值以 0 为基准点（计算的起点），即 0℃时 1kg 干空气的焓值为 0。

（2）空气调节的任务和作用

空气调节就是通过采用一定的技术手段，在某一特定空间内，对空气环境（温度、湿度、洁净度、流动速度）进行调节和控制，使其达到并保持在一定范围内，以满足工艺过程和人体舒适的要求。

空气调节对国民经济的发展和对人民物质文化生活水平的提高有着重要作用。其主要应用是创造合适的室内气候环境，以利于工业生产和科学研究，保证某些需要特定气候的工业生产和科学实验的进行；创造舒适的"人工气候"，以利于人们的生活、学习和休息；改善火车、汽车、飞机等的内部气候条件，为人们提供合适的旅途环境，保证健康旅行；提供适应于特殊医疗的气候条件，以利于病员的有效医治及手术、医疗过程的安全。良好的空气调节为珍贵物品、图书、字画等的收藏创造条件，以利于长久保存。一些公用建筑设置空气调节装置后，为文娱活动、艺术表演、体育比赛等提供了良好条件。

（3）空调系统的基本构成与工作原理

为了对空气环境进行调节和控制，需对空气进行加热、冷却、加湿、减湿、过滤、输送等各种处理，空调系统就是完成这一工作的设备装置。

图 6-19 所示为空调系统的基本构成，它由空气处理设备、空气输配系统、冷

热源系统和空调房间等 4 个系统组成。

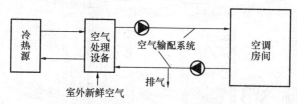

图 6-19　空调系统的基本构成

空气处理系统与能量输送分配系统负责完成对空气的各种处理和输送，是空调系统的主要环节。从图 6-19 中可见，在风机产生的风压作用下，室外空气从新风管进入系统，与从回风管引入的部分室内空气混合，经空气过滤器进行过滤处理，再经空气冷却器、空气加热器等进行空气的冷却和加热处理，然后经喷水室进行加湿或减湿处理，最后经送风管道输送到空调房间，从而实现对室内空气环境的调节和控制。

为了节省能源，系统将一部分室内空气与室外新鲜空气混合后再进行处理，这部分的室内空气称为回风，而室外新鲜空气称为新风。

冷热源系统属于空调系统的附属系统，它负责提供空气处理过程中所需的冷量和热量。

热源系统的工作原理与前面介绍的供暖系统相似，它利用热媒的循环将热量从热源输送到空气处理系统中，通过热交换设备提供空气调节过程中所需的热量。

自动控制系统用于对空调房间内的空气温度、湿度及所需的冷热源的能量供给进行自动控制，它利用温度、湿度传感器对室内空气参数进行检测，并利用控制器对空气处理系统中的冷热媒管道的阀门进行控制，使其流量产生变化，以控制室内空气状态参数。

4. 空调系统的分类

空调调节系统按设备的设置情况可分为集中式、独立式和半集中式等 3 种类型。

集中式空调系统是将空气处理设备集中设置，组成空气调节器，如图 6-20 所示，空气处理的全过程在空气调节器内进行，然后通过空气输送管道和空气分配器送到各个房间；这种空调系统又称为中央空调系统。

独立式空调系统是指在一个或几个相邻近的房间内单独设置空调器，各个空调器独立运行，完成对空气的全部处理。

半集中式空调系统是在集中式空调系统的基础上，先把空气集中在中央空调器内进行集中处理，再送入各房间进行二次处理，从而使空调效果更为理想。

集中式和半集中式空调系统的服务面积大，处理的空气量大，技术实现比较容易，而且设备集中设置，管理与维修方便，可根据季节变化集中进行调节，运行费用较低，因而在现代化的大型建筑中多采用这种类型的空调系统。

下面主要介绍几种常见的集中式和半集中式空调系统。

（1）集中式单风管空调系统

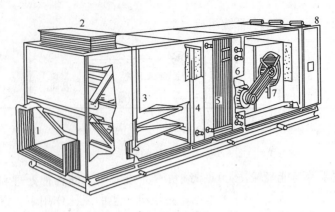

图 6-20 集中式空气调节系统

1、2—新风与回风进口；3—空气过滤器；4—空气加热器；5—空气
冷却器；6—空气加湿器；7—离心风机；8—空气分配室及送风管

集中式单风管空调系统只设置一根风管，处理后的空气通过风管送入末端装
置，其送风量可单独调节，而送风温度则取决于空调器。集中式空调系统的空气
来源常采用再循环式。它又可分为两种形式：一种是新风和回风在热、湿处理之
前混合，空气经处理后送入空调房间，称为一次回风式，其系统结构如图 6-21 所

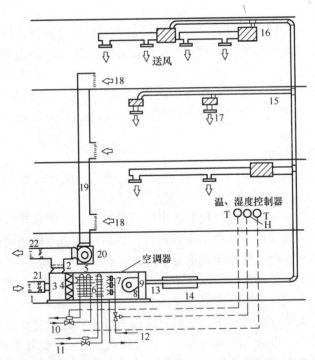

图 6-21 集中式单风管一次回风式系统结构

1—新风进口；2—回风进口；3—混合室；4—过滤器；5—空气冷却器；
6—空气加热器；7—加湿器；8—风机；9—空气分配室；10—冷却介质进
出；11—加热介质进出；12—加湿介质进；13—主送分管；14—消声器；
15—送风支管；16—消声器；17—空气分配器；18—回风；19—回风管；
20—循环风机；21—调风门；22—排风

示；另一种是新风和回风在处理前混合，经处理之后再次与回风混合，然后送入空调房间，称为二次回风式。

（2）集中式双风管空调系统

集中式双风管空调系统中设有两组空调器，其系统结构如图 6-22 所示。新风与回风混合，经第一级空调器处理后，一部分经一根风管送到末端装置，另一部分再经第二级空调器处理后才送到末端装置；两种不同状态的空气在末端装置中混合，然后送到空调房间。通过调风门可控制送入的两种空气的比例，使送风量与送风温度达到要求。

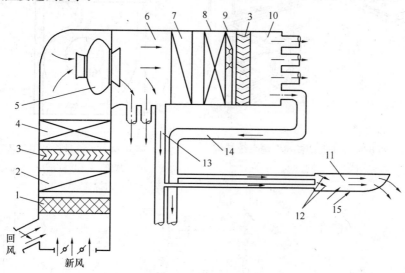

图 6-22　集中式双风管空调系统

1—空气过滤器；2—空气冷却器；3—挡水板；4——级空气加热器；5—离心或轴流通风机；6——级空气分配室；7—二级空气冷却器；8—二级空气加热器；9—空气加湿器；10—二级空气分配室；11—诱导器；12—调风门；13——级送风管；14—二级送风管；15—二次管

（3）风机盘管式空调系统

风机盘管式空调系统由一个或多个风机盘管机组和冷热源供应系统组成，其系统结构如图 6-23 所示。

风机盘管机组出风机、盘管和过滤器组成，它作为空调系统的末端装置，分散地装设在各个空调房间内，可独立地对空气进行处理，其机组结构如图 6-24 所示。而空气处理所需的冷热水则由空调机房集中制备，通过供水系统提供给各个风机盘管机组。

供水系统有 3 种具体形式，如图 6-25 所示。

1）双水管系统

系统设置一根供水管与一根回水管，其结构简单、投资少。

2）三水管系统

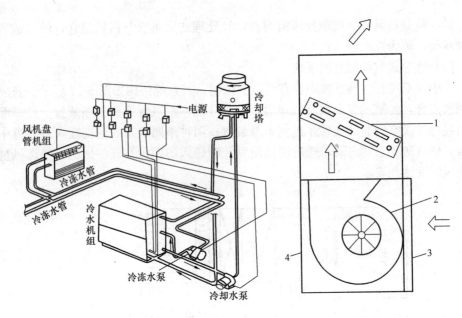

图 6-23　风机盘管式空调系统结构

图 6-24　风机盘管机组结构

1—盘管；2—风机；3—空气

过滤器；4—箱体

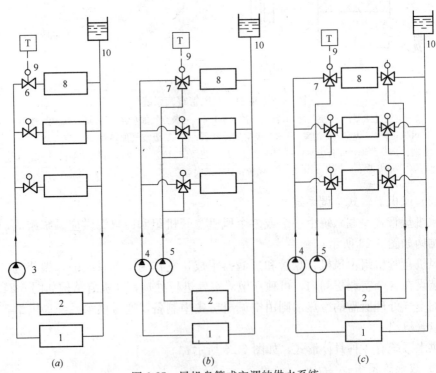

图 6-25　风机盘管式空调的供水系统

（a）双水管系统；（b）三水管系统；（c）四水管系统

1—热源；2—冷源；3—冷、热水泵；4—热水泵；5—冷水泵；6—双通阀；

7—三通阀；8—风机盘管；9—温度控制器；10—膨胀水箱

系统设置一根热水管、一根冷水管和一根回水管，在机组的进口处设有三通阀进行冷热水供应的控制，室温控制较灵活，但能量损失大。

3）四水管系统

系统设置四根水管，冷、热水均独立设置供、回水管，温度调节更加灵活，也不会造成能量损失，但系统结构复杂，投资较大。

风机盘管式空调系统的新风供给有3种具体的方式。

① 通过房间缝隙自然渗透补给新风，如图6-26（a）所示。

② 通过房间外墙的通风管道补给新风，如图6-26（b）所示。

③ 通过独立的新风系统补给新风，如图6-26（c）所示。

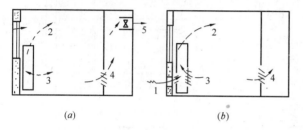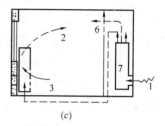

图6-26　风机盘管式空调系统新放供给方式
1—新风进口；2—送风；3—回风；4、5—排风；6—新风进口；7—新风处理器

独立新风供给也可设置集中式新风供给方式，布置成一次回风和二次回风的形式，如图6-27所示。

风机盘管式空调系统有风量调节和水量调节两种调节方式实现对温、湿度的控制。风机盘管空调系统具有较大的灵活性。各机组可独立运行，互不干扰，能满足不同的空调需要，系统布置灵活，可独立进行空气处理，也可在系统中集中设置新风系统，机组作为二次处理设备使用，从而构成半集中式空调系统。

6.2.2　维护与检修空调制冷系统

1. 空调系统的维护

在空调系统的维护过程中，经常会遇到一些系统故障，维护管理人员要认真分析故障原因，并对系统进行调节，使空调系统达到设计要求。

（1）实际送风量大

出现这一问题的原因有两个。一是系统风管阻力小于设计阻力，使送风量增加；二是设计时送风机选择不合适，风量或风压偏大，使实际送风量增加。

解决的方法如下。

1）若送风量稍大于设计风量，在室内气流组织和噪声值允许的情况下，可不调整。

2）在必须调整时，可采用改变风机转速的方法进行调节；若无条件改变风机转速，可用改变风道调节阀开度的方法进行风量调节。

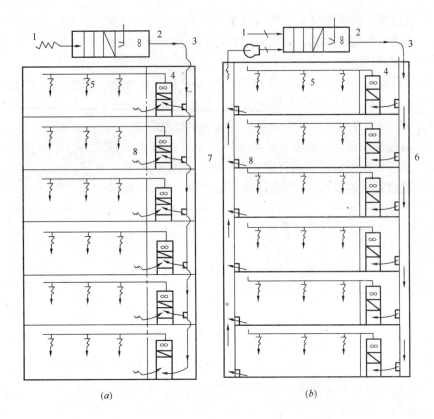

图 6-27　风机盘管式空调的新风处理形式

1—新风；2—新风空调器；3—新风管；4—风机盘管机组；5—送风口；

6—新风送风道；7—回风风道；8—室内回风

（2）实际送风量过小

1）出现问题的原因

① 系统的实际送风阻力大于设计计算阻力，使空调系统的实际送风量减小。

② 送风系统的风道管漏风。

③ 送风机本身质量不好，或送风机不符合要求，或空调系统运行中对送风机的运行管理不善。

2）解决的方法

① 若条件许可，可对风管的局部构件进行改造（如在风道弯头中增设导流叶片等），以减少送风阻力。

② 对送风系统进行认真检漏，对高速送风系统进行检漏试验，对低速送风系统应重点检查法兰盘和垫圈质量，看是否有泄漏现象，对空气处理室的检测门、检测孔的密封性进行严格检漏。

③ 更换或调整送风机，使其符合工作参数要求。

（3）送风状态参数与设计工程不符

1）送风状态参数与设计工程不符的原因

① 设计计算有错误，所选用的空气处理设备的能力与实际需要偏差较大。

② 设备性能不良或安装质量不好，达不到送风的参数要求。

③ 空调系统的冷、热介质的参数和流量不符合设计要求。

④ 空气冷却设备出口带水，如挡水板的过水量超过设计估算值，造成水分再蒸发，影响出口空气参数。

⑤ 送风机与风道升温（降温）超过设计值，影响风道的送风温度。

⑥ 处于负压状态下的空气处理装置和回风风道漏风。

2）解决的方法

① 通过调节冷、热介质的进口参数和流量，改善空气处理设备的能力，以满足送风状态参数要求。若调节后仍不能明显改变空气处理能力，则应更换空气处理设备。

② 当冷、热介质参数和流量不符合设计要求时，应检查冷冻系统或热源的处理能力，看它们是否能满足工作参数的要求。另外，还要检查水泵的扬程是否有问题，以及冷、热介质管道的保温措施或管道内部是否有堵塞。

③ 冷却设备出口处空气带水时，若为表面冷却器系统可在其后增设挡水板，以提高挡水效果；若为喷水室系统，则要检查挡水板是否插入池底，挡水板与空气处理室内壁间是否有漏风等。

④ 送风机和风道温升（降温）过高时，应检查原因。若送风机运行超压使其温升过大，应采取措施降低送风机运行风压。如果是管道升温（降温）过低时，应检查管道的保温措施是否得当。

（4）室内空气参数不符合设计要求

1）出现问题的原因

① 实际热湿负荷与设计计算负荷有出入，或送风参数不能满足设计要求。

② 室内气流速度超过允许值。

③ 室内空气洁净不符合要求。

2）解决的方法

① 根据风机和空气处理设备的能力来确定送风量和送风参数，若条件许可，可采取措施减少建筑围护结构的传热量及室内产热量。

② 通过增加送风口面积来减小送风速度或减少送风量及改变送风口形式等措施，改善室内气流速度。

③ 经常检查过滤器的效率和安装质量，增加空调房间换气次数和室内正压值，完善运行管理措施，以改善室内空气的洁净程度。

2. 空调设备的维护

（1）空调机组的维护

空调机组的维护主要包括空调机组的检查及清扫。空调机组的检查和清扫需在停机时进行，一般2～3人一起按照事先规定的程序进行。检查时关闭阀门，打开检修门，卸下过滤网，检查盘管及风机叶片的污染程度，并彻底擦拭清扫。在清扫时检查盘管及箱底的锈是否被擦拭和螺栓紧固情况，并在运转处加注润滑油。将过滤器在机外冲洗干净，晾干以后再稳固地安装上去，发现有损坏应及时修复或更换。

内部检查完毕后，关闭检修门，打开有关阀门，然后把空调机组外体擦拭干净，再进行单机试车。单机试车时必须注意运行电流、电动机温升、传动装置的振动及噪声等是否正常。单机试车结束后再进行运行试车，运行试车时检查送风温度和回风温度是否正常，进水电磁阀与风阀的动作是否可靠正确、温度设定是否灵敏等。一切正常后，该空调机组可以正式投入使用。

（2）风机盘管的维护

风机盘管的主要维护项目见表 6-1。

风机盘管的主要维护项目 表 6-1

设备名称	项 目		
	巡视检查项目	维修项目	周 期
空气过滤器	过滤器表面的污垢情况	用水清洗	1次/月
盘管	助片管表面的污垢情况	清洗	2次/年
	传热管的腐蚀情况	清洗	2次/年
风机	叶轮的污垢和灰尘情况	清理叶轮	2次/年
滴水盘	滴水盘排水情况	清扫防尘网和水盘	2次/年
管道	隔热结构，自动阀的动作情况		及时修理

（3）换热器的维护

换热器的维护包括换热器表面翅片的清洗和换热器的除垢。清除垢层常用的方法有压缩空气吹污、手工或机械除污和化学清洗等。

（4）离心式通风机的检修

风机的维修工作包括小修和大修两个部分。小修内容一般包括：清洗、检查轴承，紧固各部分螺栓、调整带的松紧和联轴器的间隙及同轴度；更换润滑油及密封圈；修理进出风调节阀等。大修内容：解体清洗，检查各零部件；修理轴瓦，更换滚动轴承；修理或更换主轴和叶轮，并对叶轮的静、动平衡进行检验等。

风机主轴的配合如果超出公差要求，一般应更换。而叶轮磨损常用补焊修复。补焊时应加支撑以防变形，焊后应做静平衡试验，大功率风机叶轮应做动平衡试验。若磨损变形严重，应予更换。叶轮的前盘板、后盘板及机壳的磨损、裂纹，一般通过补焊修复，不能修复者应予以更换。

修复好或准备更换的零部件，应进行外形尺寸的复核和质量的检查，合格后再清洗干净，依次将轴套、轴承、轴承座、带轮、密封装置、叶轮与主轴固定好，再装配吸入口及各管道阀门。装配时不要遗漏挡油盘、密封圈、平键等小零件。调整各部分间隙时应特别注意叶轮与蜗壳的间隙，电动机与联轴器的同轴度应满足使用要求。

3. 制冷机的运行及维护

制冷机是空调系统的产生冷源的装置。制冷机运行正常与否是空调系统运行正常与否的关键。同时制冷机也是空调系统中最复杂的设备之一。

空调用制冷机组自动化程度较高，除有制冷量调节和润滑油恒温控制以外，还装有高压继电器、低压继电器、油压继电器和冷冻水、冷却水流量信号器等保护装置，以实现冷凝压力过高保护、油压油温保护、蒸发压力过低保护和断水保护等，使系统正常运转，如有不正常情况就报警并自动停车。同时，还有有关参数的测量和记录仪表。

（1）制冷机的正常运行程序

蒸汽压缩式制冷机的正常运行程序如下。

1）开车前检查准备工作

准备工作包括：检查高压侧管路系统阀门是否开启，节流阀应为关闭状态；检查压缩机曲轴箱的油位是否在要求高度；检查冷冻水及冷却水系统是否充满水，如不足应补水；检查冷却器、冷冻水及冷却水循环泵工作是否正常；检查设备外观有无异常现象等。

2）开车

① 给压缩机冷却水套供水，关闭冷冻水及冷却水循环泵出口阀门，启动冷冻水和冷却水循环泵；再缓缓打开泵的出口阀门，使其正常循环。

② 压缩机先盘车 2～3 圈，看是否顺畅。

③ 打开压缩机的排水总阀（对旧式带旁通阀的压缩机启动时，先打开旁通阀，待压缩机运转正常时，再打开排气总阀，并迅速关闭旁通阀），关闭吸气总阀。

④ 将压缩机容量调节器手柄扳到最小容量位置。

⑤ 接通电源，启动压缩机，当压缩机运转正常后，将油压调整到比要求的吸气压力高 0.15～0.3MPa 后，再扳动容量调节器手柄，使指示位置由最小值到最大值。

⑥ 将压缩机吸气总阀门慢慢开启。如果听到汽缸撞击声（液击），应立即将阀门关闭。再重复上述动作，直到没有撞击声，吸气总阀完全开启为止。

⑦ 开启调节阀，并调节到所需蒸汽压力。

3）运行

压缩机启动后，系统便进入正常运行状态，在运行过程中，值班人员要勤巡视、勤检查、勤调节，每 1～2h 检查记录一次，既要保证系统运转正常，又能满足空调要求。一般需要检查的项目和要求如下。

① 保证压缩机在正常条件下工作。检查压缩机吸排气压力、温度以及润滑油的油压、油温、油量是否在要求范围内；检查轴封是否漏油、漏气；倾听阀片和其他部件声音是否清晰、均匀，有无异常；检查冷却水套出水温度是否稳定，一般出水温度在 30～35℃；检查压缩机和电动机轴承温度。

检查润滑油液面，可以由压缩机曲轴箱侧盖上的油面玻璃观察。如上面装有两块油面玻璃，正常油面应在两块油面玻璃中心线之间；如只装有一块油面玻璃，正常油面在油面玻璃的上边和下边之间。如油量不足，可用油三通阀不停机加油，具体操作是将橡胶管或塑料管内先充满润滑油，然后一端套在三通阀的锥形接头上，并扎紧，另一端浸在油桶中，将三通阀手柄转到对准"加油"位置，机器即可开始加油。加到规定油面时，将手柄扳回到"工作"位置，取下橡皮管，盖紧帽盖，加油时曲轴箱中的压力应保持低于 0.2MPa，这可以通过将吸气总阀关闭而达到。如停车后要放油，套好橡皮管，将手柄扳至"放油位置"，油即放出。

② 检查冷凝器冷却水进、出口温度、压力，并调节冷却水与冷凝温度相适应。冷凝温度一般比冷却水出水温度高 3～5℃。冷却水进、出口温差为 4～8℃。

③ 检查蒸发器工作情况，蒸汽压力和温度、冷冻水进、出口温度，并调节蒸汽温度与冷冻水温度相适应。蒸汽温度一般比冷冻水出口温度低 4～6℃。

④ 当蒸发器直接作为空调的表面冷却器时，其蒸发温度应比空气出口的干球温度低 8～10℃；满负荷时蒸汽温度不可低于 0℃；低负荷时，应防止表面结冰。

⑤ 检查各容器上的安全阀是否泄漏；检查系统中工质循环量是否适当；检查油分离器表面温度；检查各水泵运转是否正常等。

⑥ 及时发现并查出故障原因。

4) 停车

① 关上调节阀，停止给蒸发器供液。

② 关闭吸气总阀。

③ 停机，同时逐步关小排气总阀，待机器全部关上。

④ 待压缩机稍冷却后，关上水套冷却水。

⑤ 停止冷冻水循环泵、冷却水循环泵的运转。

(2) 制冷机参数的测量

制冷机运行正常与否，主要是靠各种仪表的正常指示来保证的。正常运行时，应测量的参数有如下几种。

1) 冷冻水量及冷冻水进、出口温度。

2) 冷却水量及冷却水进、出口温度。

3) 蒸发压力和温度。

4) 冷凝压力和温度。

5) 室外干、湿球温度。

6) 压缩机吸排水压力、温度和工作电流。

7) 油箱油压和油温。

8) 压缩机冷却水进、出口水温度。

6.2.3 维护与检修通风设备

1. 通风系统的管理

通风系统是一个复杂、自动化程度较高的系统，除了提高操作人员的技术素质和责任心外，还要依赖于科学的管理制度。

首先要建立各项规章制度，并且严格执行。以下是必须制定的 6 条制度。

1) 岗位责任制。规定配备人员的职责范围和要求。

2) 巡回检查制度。明确定时检查的内容、路线和应记录项目。

3) 交接班制度。明确交接班要求、内容及手续。

4) 设备维护保养制度。规定设备各部件、仪表的检查、保养、检修、定检周期、内容和要求。

5）清洁卫生。

6）安全、保卫、防火制度。

同时还应有执行制度时的各种记录，包括运行记录、交接班记录、水质化验记录、设备维护保养记录、事故记录等。

其次就是制定操作规程，保证风机及辅助设备得以正确、安全地操作。设备操作规程是按风机及其辅助设备使用说明书并与制造厂商一起制定出来的。

2. 通风系统的运行

（1）开车前的检查

开车前要做好运行准备，必须对设备进行检查，主要检查项目有风机等转动设备有无异常，打开应该开启的阀门，给测湿仪表加水等。

（2）室内、外空气温湿度的测定

运行方案是根据当天的室内外气象条件确定的，因此需测定室内、外空气温湿度。

（3）开车

开车时要注意安全，看自己和别人有无触电危险。开车指启动风机等其他各种设备，使系统运转，向通风房间送风。启动设备时，只能在一台转速稳定后才允许启动另一台，以防供电电路启动电流太大而跳闸。风机启动要先开送风机，后开回风机，以防室内出现负压，风机启动完毕，再开电加热器等设备，设备启动完毕，再巡视一次，观察各种设备运转是否正常。

（4）运行

开车后通风系统便投入运行，操作人员要认真按规定时间做好运行记录，读数要准确，填写要清晰。值班人员不许擅离职守，不许大声喧哗，精神保持高度集中，要随时巡视机房，尤其是对维修过的设备更要多加注意。掌握设备运转情况，监督各种自动控制仪表，保证其动作正常，发现问题应及时处理，重大问题应立即报告，认真观测和分析实际运行与所确定方案是否相符。

（5）停车

关闭通风系统各种设备，先关闭加热器，再停回风机，最后停送风机。停车后巡视检查，看设备是否都已停止运行，该关的阀门是否关好，有无不安全因素，检查完毕方可离开值班室。

3. 通风系统的维护

通风及防排烟系统的维护主要包括 4 个方面：灰尘清理、巡回检查、仪表检定、系统检修。通风系统灰尘来源主要是新风、漏风、风管内积尘以及回风从室内带出来的灰尘等，运行人员要针对灰尘来源进行清理，防止空气污染。

经常检查并及时更换空气过滤器，新风等粗效泡沫塑料过滤器要经常清洗，一般 15～30d 清洗一次，风机盘管过滤器 30～40d 清洗一次，中效玻璃纤维过滤器当阻力为初阻力的两倍，其他型号过滤器当达到其规定阻力时，要更换。更换安装过滤器时，不能污染滤料，安装要严密不漏风。对于循环使用的泡沫塑料滤料，清洗和晾干都要在干净的环境中进行，使用中最好先测定其效率，对不合格者应更换新的。保持通风系统洁净，经常打扫风机箱等，并定期上漆防锈。上漆要牢靠，不起粉尘、必要时要打扫风管内部。经常检查堵漏，尽量减少系统漏风点。消声器的材料要保持干净，当其积尘量大时要清洗或更换。同时还要保持房间环境整洁，确保通风房间内的正压。定期测定送风和室内的含尘量，以便及时发现问题并予以解决。

对设备状态进行巡回检查的目的是做到心中有数，出现问题及时解决，对暂时维修不了的设备，应采取应变措施，待非使用期时维修。巡回检查的主要项目包括送回风机、水泵、电动机声音是否正常，轴承发热程度如何，传动带松紧是否合格，风机箱、风管等内部是否有锈蚀脱漆现象，水阀门是否严密，开关是否灵活，风管、水管保温是否有损坏，各个部位的空气调节阀门是否有损坏，固定位置变化与否，需定期清洗、更换的设备（如各级过滤器等）是否已到清洗更换期限，配电盘、各种电器接线头是否有松脱发热现象，仪表动作是否正常等。

4. 暖通设备的巡查（见表6-2）

暖通设备的巡查表　　　　　　　　　　　　表6-2

小区名称		日　期	时　间	检查人员
项目名称		巡查项目	正常与否	检查情况
供暖与燃气供应	1	电源控制柜		
	2	锅炉		
	3	安全保护装置		
	4	水位		
	5	安全用具		
	6	管道及阀门		
	7	故障报警装置		
	8	运行数据记录表		
	9	环境整洁及照明		
	10	进出登记交接班记录		
	11	劳防用品		
	12	其他		
中央空调	1	中央空调本体		
	2	冷却及冷却泵		
	3	阀门、管道及冷却塔		
	4	控制柜		
	5	运行数据记录表		
	6	环境整洁及照明		
	7	其他		
小区管理人员巡视记录				
管理处经理签名确认				

任务 7

建 筑 防 雷

过程 7.1　巡检建筑物防雷设备

7.1.1　建筑物防雷设备的认知

1. 雷电的形成

所谓雷电就是雷云之间或雷云对大地的放电现象。密集在大地上空的云雾常被人们称为云。云层在上下气流的强烈摩擦碰撞下，会带有正电荷或负电荷，这种带电荷的云叫做雷云。雷云放电的现象叫做雷电观象。当雷云中的电荷越积越多，并使其周围的电场强度达到一定程度时，它就会击穿空气的绝缘层，从而雷云之间或雷云与大地之间进行放电，发生强烈的弧光和声音，就是人们常说的"打雷"和"闪电"，雷电流的幅值可达数百安培，甚至几千安培。尤其雷云对大地放电时，对地面上的电气设备和建筑的破坏性很大，也对人畜生命安全造成威胁。

2. 雷电活动分布规律

（1）雷电活动的规律和分布的规律

1）从气候潮湿角度看，潮湿的地区比干燥的地区雷电多。

2）从地域比较，雷电次数是山区大于平原，平原大于沙漠，陆地大于湖海。

3）从时间比较，雷电高峰日都在 7 至 8 月份，活动时间大约都在 14～16h。

（2）建筑电气受雷击的规律性

1）建筑物的突出部分易受雷击，如屋脊、屋角、山墙、烟囱、天线、露出屋面的金属出气孔、爬梯等。

2）屋顶为金属结构，地下埋有大量金属管道，或内存大量金属设备的厂房易受雷击。

3）高耸突出的建筑物易受雷击，如单个高层建筑、水塔等。

4）排出导电尘埃的厂房和废气管道易受雷击。

5）屋旁的人、树和山区输电线路易受雷击。

3. 建筑防雷的等级

根据发生雷电事故的可能性和造成的后果，我国将防雷建筑物划分为以下3类。

（1）第1类防雷建筑物

1）凡在建筑物中制造、使用或贮存大量爆炸物，或在正常情况下能形成爆炸性混合物，因电火花而发生爆炸造成巨大破坏和人身伤亡者。

2）具有特殊用途的建筑物，如国家级会堂办公建筑、大型博展建筑、大型火车站、国际性航空港、通信枢纽、国宾馆、大型旅游建筑等。

3）国家级重点文物保护的建筑和构筑物。

4）超高层建筑物。

（2）第2类防雷建筑物

1）其特征同第1类第1）条，但不致造成巨大破坏和人身伤亡者。

2）重要的或人员密集的大型建筑物，如部省级办公楼，省级大型建筑，如用于集会、博展、体育、交通、通信、广播、商业的建筑和影剧院等。

3）省级重点文物保护的建筑物和构筑物。

4）19层及以上的住宅建筑和高度超过50m的其他民用和一般工业建筑。

（3）第3类防雷建筑物

1）凡不属一、二类防雷，但需要作防雷保护的一般建筑物。

2）建筑群中高于其他建筑或处于边缘地带的、高度为20m及以上的民用和一般工业建筑物；在雷电活动强烈地区其高度可为15m以上，少雷区其高度可为20m以上。

3）高度超过15m的烟囱、水塔等孤立的建筑物或构筑物。在雷电活动较弱地区，其高度可允许在20m以上。

4）历史上雷害事故严重地区的建筑物或雷害事故较多地区的较重要建筑物。

4. 建筑的防雷措施

各类建筑都对防雷有不同的要求和标准，雷电对建筑物的破坏和对人畜生命带来的威胁主要有3个方面，即直接雷击、感应雷、高电位引入。下面从这3方面入手，简单说明防雷措施。

（1）直接雷击及其防止措施

所谓直接雪击就是雷云直接对地面物体放电，它的破坏作用十分大。雷电的过电压会引起强大的雷电流流经地面物体，产生极大的热效应和机械效应，最容易造成房屋损坏、电气设备绝缘击穿及人员伤亡事故。所以，对直接雷击要严加防范。为防止直接雷击，人们在建筑物上装设防雷装置。该装置主要由接闪器、引下线和接地装置3部分组成，常采用防直接雷击的措施有如下几种。

1）安装避雷针

图7-1所示为一烟囱防雷装置，它们的作用是：接闪器将其附近的雷云放电吸引过来，通过引下线传到接地装置，再将雷电流引入大地，从而保护周围建筑

物免遭雷电直接袭击。该装置常用于1、2类防雷建筑物。

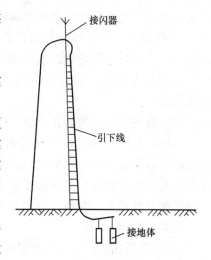

图 7-1　为烟囱防雷示意图

2）安装避雷带

常用圆钢或扁钢做成的条形长带，装于建筑物易遭受雷电直击的部位，如屋顶女儿墙、屋檐屋角、屋脊、山墙等凸出部位。当雷电直击这些部位时，雷电流被引入大地，保护了建筑物的安全。这种方法常用于2、3类防雷建筑物。

3）设置笼网

近年来，高层建筑发展之快如同雨后春笋，如图7-1所示为烟囱防雷笼网示意图，就是利用高层建筑结构所形成的笼网接闪器。在雷电到来时，笼网虽具有较高的电位，但笼内人体却不带电，因此，建筑物及建筑物内的人体受到保护。为了使防雷效果更好，人们同时在高层建筑顶上加上防雷带，用建筑物主筋作为引下线，将整个钢筋网与接地装置连接。因主筋与其他钢筋连接，这样组成了一个全方位防雷体系，防止了高层建筑雷电侧击的可能性，从而更完整地达到了高层建筑的防雷效果。

4）充分利用建筑物层面上的金属部件吸收雷电

如利用金属面、屋面的金属栏杆等金属作为接闪器，将雷电引入地下。

5）引下线距墙面及接地装置

引下线距墙面及接地装置应大于2m，是针对1类防雷建筑物而言。

6）建筑物的钢门窗、室内金属设备均应接地

这是针对1类防雷建筑物及高度在30m以上的高层建筑而言。

（2）感应雷及其预防措施

所谓感应雷就是附近某处落雷而引起的电磁感应的结果。感应雷可分为以下两种。

1）静电感应雷

静电感应雷是由于云中电磁感应的作用，在建筑物顶部的突出处产生与云层电荷极性相反的电荷从而向地面放电。放电通路中的电荷迅速中和，而建筑物顶部的电荷却来不及消失，因而形成很高的电位，并能在建筑物内引起火花。

2）电磁感应雷

所谓电磁感应雷是当雷电流过金属导体入地时，形成了一个迅速变化的强磁场，这个强磁场在附近的金属导体内感应产生电势，从而使导体回路缺口处引起火花。

为了防止感应雷，通常采取如下措施。

① 可在建筑物屋面设置收集电荷的装置（如避雷器等）收集感应静电荷。当建筑物上空雷云放电强电场突然消失时，将建筑物上的残留电荷通过引下线迅速

引入大地，从而避免建筑物出现高电位而带来危害。

② 将室内一切金属设备和管道接地。金属管道的出、入口处及管道的接头、阀门、三通等均应用导线跨接后接地。

③ 接地装置应沿建筑物四周环形敷设，防感应雷措施多用于1、2类防雷保护建筑物。

（3）高电位引入的防止措施

当输电线路附近发生对地雷击时，在输电线路上会产生很高的感应过电压，它的幅值可高达300~400kV。这个异常的感应过电压在线路上流动，不仅对输电线路会造成很大破坏，而且这个冲击波如侵入变电所或建筑物内的电气设备，则造成的破坏性更大。因此，要采取有力措施，防止这种高电位冲击波的引入。一般采取如下措施。

1）安装避雷器，当线路上因雷击产生高电位时经避雷器对地放电，从而保护电气设备免遭破坏。

2）当采用架空进线时，进线杆前50cm内每根电杆均应接地。

3）架空引入室内的金属管道，应在室外每隔25m接地一次，入户接地电阻 R 应小于 20Ω。

5. 避雷装置的一般要求

（1）避雷针

避雷针一般采用镀锌圆钢焊接而成，当针长在1m以下时，圆钢≥12mm，钢管>20mm；当针长在1~2m时，圆钢>16mm，钢管>25mm。烟囱顶上的避雷针，要求直径不小于20mm。避雷针在安装前应与引下线焊接牢固，针尖应刷锡。

（2）避雷网

避雷网和避雷带一般采用镀锌圆钢（直径>8mm）和镀锌扁钢（厚度>4mm，截面积≥48mm）组成。

避雷网格间距要求：1类防雷不大于10m×10m，2类防雷不大于20m×20m，避雷网一般敷设在顶板上150mm处。

（3）避雷带、均压环

高层建筑为了防止侧面雷击，自30m高处起，每向上3层在圈梁内敷设一条25mm×4mm的镀锌扁钢与引下线焊成一环平避雷带，所有金属门窗框、金属栏杆、大型金属物体均与带引下线可靠连接。

各类建筑物屋面避雷带安装后，均应距屋面100~150mm，距离为1~1.5m，在沉降缝处避雷带应多留100~200mm。

高层1、2类防雷建筑，从首层至30m高度，每3层利用截梁水平钢筋与引下线焊接成均压环。所有引下线、建筑物的结构和金属物体等与均压环连为一体。

（4）引下线

安装引下线，明设时截面要求直径不小于8mm，暗设时直径不小于12mm，扁钢厚度不小于3mm，面积不小于 $48mm^2$。每个建筑物至少有两根引下线。引下线应经最短路径接地。引下线弯曲处的过渡弯，其角度应大于90°。为了便于测量接地电阻以及检查引下线接地线的连接状况，在各引下线距离地面 0.5m 以下处设置断线卡。在易受机械破坏的地方，地面上约 1.7m 至地面下 0.3m 的这一段接地线应加以保护。

当利用建筑物中的钢筋作为引下线时，用于通过雷电流（一般去 140A）的钢筋截面不小于 90mm²，构件内钢筋的接点应绑扎或焊接，被利用来与外部连接的主筋与预留连接板的连接应焊接，各构件之间必须连成电气通路。

7.1.2 巡检建筑物防雷设备的过程

1. 接地装置

接地装置有如下要求。

1）对于 1 类防雷建筑，防直接雷击接地电阻不大于 10Ω，防感应雷接地电阻不大于 5Ω。

2）对于 2 类防雷建筑，接地电阻不大于 10Ω。

3）对于 3 类防雷建筑，接地电阻不大于 30Ω。

4）10kV 架空线路连接长度超过 50m 的电缆，其两端避雷器的接地电阻不大于 50Ω。

5）低压架空线路的绝缘门铁脚接地电阻 $<30\Omega$。

6）变电所室外配电装置（包括组合导线和回线廊道）的接地电阻应不大于 10Ω。

7）35kV 变电所的 3～10kV 配电装置，母线及架空出线避雷电阻应不大于 30Ω。

8）容量为 3150～5000kV·A，供三级负荷的 35kV 变电所进线至 600m 处，接地电阻应不大于 50Ω。

9）3～10kV 柱上断路器和负荷开关的带电侧避雷接地电阻应不大于 10Ω。

2. 安全用电的措施

触电事故在一瞬间就会造成严重后果，所以对触电事故应以积极预防为主。预防触电应从思想教育和技术措施两方面同时进行，技术措施主要是严格遵守操作规程和安全规程，这都是根据触电的原因、规律、形式和种类规定的。

1）经常对电气设备进行检查，特别是雨季、节假日和特殊天气（大风、大雪前后），要进行全面检查，主要检查内容为有无漏电，绝缘老化程度，气味和声音，如有异常，应立即停电检查。

2）随时对电气设备运行情况进行检查，注意温升、气味和声音，如有异常，应立即停电检查。

3）架空电缆应有一定高度，沿地面铺设的临时导线在行人多的地方应穿于钢管内。

4）高压设备和接地点周围应设围栏，并挂上警告牌。

5）临时照明灯和经常移动的照明灯以及地下沟道照明，应使用 36V 以下安全电压。

6）电动机械和手动工具、单机、单闸或专门插座用软线连接，露天使用的开关应有防水装置。

7）手持式电动工具一般应由两人操作，副手牵移软线，操作者掌握工具及工具上的开关。

8）电气设备拆除后，不应留有带电的电线，如必须保留，应将电源切断，将线头弯转并包上绝缘胶布。

9）按要求选用熔断器，不能用铁、铜丝代替熔丝。

10）电气设备工作时，如遇电路停电，应立即拉闸，等候来电后重新启动运转。

11）电气设备的保护接地和接零应合理、可靠。

以上各条，只是在施工现场应特别注意的内容。对于有特殊要求的电路和设备，应请工程技术人员和专业电工介绍安全操作规程。

参 考 文 献

[1] 陈思荣，李贤温. 物业设备设施维护与管理[M]. 北京：电子工业出版社，2007.

[2] 刘绪荒. 物业设备设施维护与管理[M]. 北京：化学工业出版社，2008.

[3] 付婉霞. 物业设备与设施[M]. 北京：机械工业出版社，2009.

[4] 陈辉. 物业设备与智能化管理[M]. 北京：中国建筑工业出版社，2006.

[5] 刘国生，王惟言. 物业设备设施管理[M]. 北京：人民邮电出版社，2004.

[6] 伍培. 物业设备设施与管理[M]. 重庆：重庆大学出版社，2005.

[7] 刘维. 物业设备设施管理与维修[M]. 北京：清华大学出版社，2006.

[8] 芮静康. 现代物业设备的运行指南维护[M]. 北京：机械工业出版社，2008.